MEMOIRE

SUR

LES TARIFS

DES DROITS DE TRAITES

EN GÉNÉRAL;

Et en particulier, sur le nouveau Projet de TARIF UNIQUE ET UNIFORME.

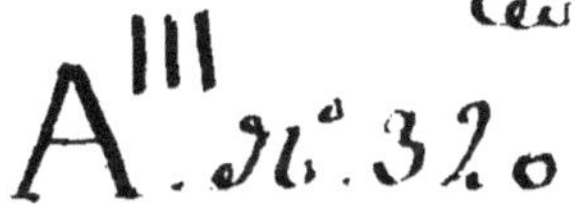

A PARIS,

DE L'IMPRIMERIE DE PRAULT.

M. DCC. LXII.

AVERTISSEMENT.

L'Ouvrage, que nous préfentons au public, peut lui être d'autant plus agréable, qu'il intéreſſe tous les ordres des citoyens. Tout le monde parle & a toujours parlé peu favorablement pour les tarifs. Peut-être le méritoient-ils ; peut-être que le défaut de connoiſſance ſur le fond de la matière, a contribué à la rigueur des jugemens du public. Quoiqu'il en ſoit, il eſt toujours utile d'être inſtruit, & cette inſtruction doit réſulter du mémoire qu'on trouvera à la tête de ce volume. Ce mémoire ſuppoſe un article inſéré dans le journal du commerce, imprimé à Bruxelles ; & la réponſe à cet article dans une lettre imprimée à Paris. Ces pièces fugitives pouvoient manquer à l'intelligence du mémoire, & nous

AVERTISSEMENT.

avons cru devoir les rassembler ici sous les yeux du lecteur. Enfin tandis que nous travaillions à l'impression, il nous est parvenu une copie d'un mémoire des fabriquans de Lorraine & de Bar, présenté à M. l'Intendant de Lorraine. Cette pièce imprimée à Nancy, sert encore de complément au mémoire sur les tarifs, & entre dans des détails intéressans ; c'est la dernière pièce de ce petit recueil.

LETTRE

De Monſieur D * * *

A Monſieur le * * *

JE vous tiens parole, Monſieur, & vous recevrez avec cette Lettre les obſervations que vous m'aviez demandé en m'envoyant les Lettres d'un Citoyen à un Magiſtrat, ſur les raiſons qui doivent affranchir le commerce des Duchés de Lorraine & de Bar, du Tarif général projeté pour le Royaume de France. Je vous avois annoncé la communication que j'ai eu de toutes les Lettres imprimées, qui compoſent le Tarif général dont il eſt queſtion; & j'ai cru qu'aulieu

de la critique d'un ouvrage particulier, qui feroit peu conforme à mon
goût & à ma façon de penfer, vous
aimeriez mieux un Mémoire fur la matière des Tarifs en général, dans lequel vous trouveriez peut-être dequoi
répondre aux différentes objeƐtions
qui pourroient être faites contre le
projet du nouveau Tarif, foit par les
Lorrains, foit par d'autres. Vous ai-
mez à traiter tous les objets par principes, & votre goût m'a fervi de régle.
J'ai tâché d'être clair & court, parce
que j'ai voulu être vrai, & que la net-
teté & la précifion font les compagnes
les plus inféparables de la vérité. C'eſt
pour contribuer à la clarté du troifiéme chapitre, que je vous envoye auſſi
une petite Carte dont on m'a fait préfent & qui ne m'a pas été inutile, vous

[5]

y verrez le Tableau de l'état actuel de
la France, pour les différens Tarifs
des droits de Traites ; & si vous voulez
encore voyager sur cette Carte, vous
sentirez plus aisément les inconvéniens
relevés dans ce chapitre. J'ai dit par-
tout simplement ce que je pense, &
pourquoi aurois-je fait autrement ? Je
ne commets personne, je ne parle que
d'après moi, je n'écris ce que je pense,
que parce que vous me l'avez demandé, je ne l'ai fait que pour vous, & nul
intérêt n'a conduit ma plume. J'avouë-
rai cependant, qu'en travaillant cette
matière, je suis devenu amateur du
nouveau Tarif, & que je désire sincè-
rement qu'il puisse réussir ; plus j'y ai
réflechi & moins j'y ai vû d'obstacles
réels, excepté dans la diminution des
produits. Je n'y apperçois qu'un remè-

de dans l'activité du Commerce, qui remplacera par la suite les vuides que pourra former le premier établissement, & je n'en doute presque pas. Le remède du moment est au-dessus de mes connoissances & de mes forces ; on ne peut l'attendre que du zèle & de la supériorité des lumières du Ministre : mais à ces deux titres on peut l'espérer également ; je n'ai rien de plus à vous dire sur l'ouvrage, ce que vous en jugerez me décidera sur ce que je dois en penser moi-même.

J'ai l'honneur d'être, &c.

MEMO·IRE

SUR

LES TARIFS

DES DROITS DE TRAITES

EN GÉNÉRAL;

ET en particulier, fur le nouveau Projet de TARIF UNIQUE ET UNIFORME.

LEs droits de Traites ou d'Entrée & de Sortie fur les denrées & marchandifes, ont de tout temps été d'ufage dans tous les Etats ; & la régle établie dans la perception de ces droits, a toujours été contenue dans des Tarifs compofés pour inftruire également le Négociant & le Fermier de la quotité des droits à payer par l'un & à percevoir par l'autre. Cette feule défini-

A iiij

tion fuffit pour fentir que le Tarif n'eft autre chofe que la fixation des droits, & pour conclure que la formation d'un Tarif eft un ouvrage de la derniere importance. On travaille à cet ouvrage en France. M. le Controlleur Général en a communiqué le projet aux Intendans de toutes les Généralités du Royaume, & les a chargés de confulter à cet égard les Chambres de Commerce & les gros Négocians, dont les lumieres combinées peuvent être infiniment utiles. L'efprit de ce Tarif formé pour le bien des peuples, & rédigé fous les yeux de plufieurs Intendans des Finances, d'un Intendant du Commerce, de trois Députés du Commerce, & d'un Fermier Général, doit être connu de tout le monde depuis que les différentes Lettres qui le compofent ont été communiquées par les mêmes voyes dont nous venons de parler ; & quoique ce projet ne foit pas encore à fa perfection, puifque le Miniftre n'a pas encore reçû les obfervations fur lefquelles il fe propofe de le réformer, on peut cependant traiter la matiere avec plus de connoiffance de caufe que ceux qui, par des intérêts particuliers ou par une précipitation toujours fufpecte, ont déja répandu dans le public leurs ouvrages fur ce fujet. La précipitation de ces écrits prématurés n'eft pas le feul défaut qu'on peut leur reprocher. Quand on veut approfondir une matiere, le premier point & le plus indifpenfable, eft d'en établir folidement les principes, fans quoi l'Auteur & le Lecteur errent également au gré de leurs caprices, & n'arrivent jamais à un but affuré. Pour éviter, autant qu'il fera poffible, ces inconvéniens, il eft bon de commencer d'abord par établir l'utilité des Tarifs, tant par rapport à la Finance que par rapport au Commerce; de détailler enfuite toutes les qualités que doivent avoir les Tarifs pour être véritablement utiles. Après avoir établi dans ces deux premiers Chapitres les principes de la ma-

tiere ; nous marcherons à leur application. Un détail fort abrégé sur les Tarifs actuels, nous conduira à connoître
l'état présent de la France , & à décider
s'il est conforme aux principes , s'il en
est assez peu éloigné pour n'avoir besoin
que de réformation , ou s'il a besoin
d'une refonte générale. Nous entrerons
ensuite dans l'examen du nouveau projet de Tarif général qu'on propose : nous
en pénétrerons l'esprit, & nous discute-
rons les principes sur lesquels il est fondé, que nous comparerons avec les principes généraux établis sur cette matiere.
Enfin nous tâcherons de prévoir les principaux obstacles qui pourroient s'opposer à la formation de ce Tarif ou se rencontrer dans son exécution ; & nous
présenterons en même-temps les moyens
que nous imaginerons propres à lever
ces obstacles. Si de cette discussion générale il ne résulte pas des motifs indubitables pour asseoir une résolution défi-
nitive, du moins peut-on espérer qu'on

y trouvera des régles pour écarter plus facilement les objections fondées fur de faux principes ou fur des intérêts per-fonnels , & qu'on fera plus en état de faire ufage des lumieres utiles qu'on four-nira au miniftere.

CHAPITRE PREMIER.

De l'utilité des Tarifs.

Tout État a fes dépenfes néceffai-res pour fa confervation & pour fa prof-périté. Il faut des revenus pour fournir à fes dépenfes. Ils font produits par les impofitions, & c'eft le choix de ces im-pofitions qui fait une partie effentielle de l'adminiftration de la Finance. Les droits ou impofitions dont la perception fera facile & répartie le plus également qu'il fera poffible fur la totalité des con-tribuables, proportionnellement à leurs facultés & à leur dépenfe, feront fans

doute les plus conformes aux vrais principes. Les droits qui par leur nature renferment le plus pleinement ces deux qualités, font les droits de confommation,
& dès-lors paroiffent préférables à tous
autres. Or, les droits de Traite ne font
autre chofe que des droits de confommation. En effet, la marchandife qui les
paye augmente d'autant; fi le Négociant
en avance le payement, il fe rembourfe
bien - tôt fur le confommateur qui acquitte définitivement cette impofition à
proportion de fes facultés & de fes dépenfes; c'eft-à-dire, à proportion de
fa confommation. Cette impofition eft
donc égale pour tous les contribuables.

La perception s'en fait dans les Bureaux établis fur les routes publiques qui
fervent néceffairement au tranfport des
marchandifes. Le Citoyen n'eft point
troublé dans fon domicile; tout fe perçoit fur des Tarifs publics où chacun peut
s'inftruire; ainfi rien ne manque encore
en général à la facilité de la perception.

Il eft inutile d'en dire davantage fur la qualité du droit.

Quelle fera fa quotité déterminée par le Tarif? S'il ne s'agiffoit que de former un grand produit de finance, le Tarif feroit fort court : un droit unique de cinq ou même de quatre pour cent fur toute nature de marchandife entrante & fortante, feroit fans doute le moyen le plus für de fe procurer des produits confidérables : & fi l'objet de la Finance ne confiftoit que dans l'augmentation d'une de fes branches, on y parviendroit fans peine par ce moyen. Mais d'autres intérêts encore plus preffans s'y oppofent. L'agriculture, le commerce & la population réclament leurs droits auffi précieux pour la Finance que pour toutes les autres parties du corps politique de l'État. Ces intérêts facrés n'éxigent pas une décharge entiere de tous droits, parce que la charge qu'il faut acquitter étant commune, doit être fupportée par tous les Citoyens ; mais ils demandent

les ménagemens néceſſaires, non-ſeulement pour ne pas détruire, mais encore
pour animer notre culture, notre commerce & notre population. C'eſt d'après
ces principes univerſellement ſuivis par
toutes les nations policées, que l'exiſtence des Tarifs eſt devenue néceſſaire.
C'eſt en vain que les ſyſtêmes les plus
agréables, mais les moins fondés, ont
préſenté quelquefois l'Univers comme
une ſeule république dont tous les hommes exiſtans ſont citoyens. La vérité ſe
refuſe à cette idée purement philoſophi-
que; ſi quelque Puiſſance étoit plus qu'une
autre en état de l'adopter, ce ſeroit ſans
doute la France, qui, par la variété &
l'abondance de ſes productions, le nombre, le génie & l'induſtrie de ſes habitans, ſe voit à portée de profiter plus
avantageuſement d'une liberté univerſelle; mais il exiſtera toujours des nations
qui auront beſoin des prohibitions ou
des Tarifs pour ſe défendre contre la ſu-
périorité de quelques autres, & dès-lors

[15]

les Tarifs utiles en général pour la Finance , comme nous l'avons montré ,
deviennent univerſellement néceſſaires
pour l'agriculture , le commerce & la
population. Ce dernier article eſt une
ſuite des deux autres. Par tout où l'agriculture & le commerce ſeront animés ,
la population ſera nombreuſe , parce
qu'il y aura toujours des hommes par
tout où ils trouveront à ſubſiſter commodément & à s'occuper utilement.

L'encouragement de l'agriculture par
les Tarifs, conſiſte à charger de quelques
droits modiques les productions étrangères, afin de donner au moins une petite préférence aux productions nationales de même eſpèce dans la conſommation intérieure , à animer cette conſommation par l'affranchiſſement de tous
droits dans la circulation intérieure , &
à réduire au taux le plus léger les Tarifs
de ſortie ſur nos productions. Ces principes ſeroient univerſellement vrais dans
un État qui ne ſeroit compoſé que de

cultivateurs ; mais cet État feroit fort borné, & ne feroit pas ufage de toutes fes forces, fi le commerce ne venoit à fon fecours.

Ce font les Fabriques qui contribuent le plus à l'encouragement de l'agriculture, parce que le Fabriquant confomme les vivres pendant que la Fabrique emploie les productions en matieres premieres qui lui font propres. Le Négociant eft lui-même très-utile ; mais comment ? En fourniffant au Fabriquant les matieres premieres, foit nationales, foit étrangères dont il peut avoir befoin, & en procurant le débouché des Fabriques. Ses profits feroient peu intéreffans pour l'État, s'il ne faifoit que combattre les Fabriques nationales par l'introduction des Fabriques étrangères : mais quand le Négociant anime la Fabrique, leurs efforts réunis produifent néceffairement le bien de tout l'État. Le commerce exige donc auffi fes ménagemens ; & s'il rend des fervices effentiels à l'agriculture,

ture, il eſt juſte qu'en retour il obtienne auſſi quelque préférence : c'eſt ce que les Tarifs peuvent encore utilement procurer par deux opérations différentes. La premiere, ſur les productions nationales, en donnant une préférence aux Fabriques par l'impoſition d'un droit de ſortie proportionné à leur abondance ou à leur rareté & à l'emploi qu'on en peut faire dans les Manufactures. La ſeconde, ſur les productions étrangeres, par l'impoſition de droits d'entrée fixés ſur le beſoin des Fabriques & ſur l'abondance des productions nationales de même eſpèce, ou peut-être équivalentes. C'eſt dans l'harmonie de tous les membres principaux d'un État que conſiſte véritablement ſa force. Ces principes ſont généraux, & ne s'appliquent pas plus à la France qu'à toute autre nation ; nous les voyons auſſi univerſellement ſuivis. Toutes les Puiſſances travaillent continuellement à leurs Tarifs, & on jugeroit de l'étendue de leur agriculture, de leur commerce & de leur

population, par la fageffe & par l'intelligence de leurs Tarifs ; d'où l'on peut
conclure que quoique les Tarifs appar-
tiennent effentiellement à la Finance
par le produit des droits qu'ils renferment, ils ne font pas moins utiles pour
toute l'adminiftration d'un État en général, & du commerce en particulier : mais
les mêmes principes qui démontrent l'u-
tilité d'un Tarif travaillé & rédigé dans
les vûes que nous venons d'expofer,
prouvent en même-temps tous les inconvéniens qui en pourroient réfulter, s'il
n'y étoit pas conforme ; & cette réflexion nous conduit à examiner quelles
font les qualités que doit avoir un Tarif
pour être véritablement utile.

CHAPITRE II.

Des qualités que doivent avoir les Tarifs pour être véritablement utiles.

LEs qualités d'un Tarif font beaucoup plus faciles à traiter dans la fpeculation que dans la pratique. Les principes fur cette matiere font toujours vrais en général ; mais mille circonftances, foit particulieres, foit locales, s'oppofent quelquefois à leur application, ou du moins, forcent d'embraffer des modifications qui paroiffent s'éloigner des régles générales. Il eft peu de matieres qui ne foient fufceptibles de pareils inconvéniens ; & ces exceptions qui font rares, fi les principes font bons, ne fervent qu'à les confirmer. Ce n'eft pas ici le moment de parler de ces exceptions ; renfermons-nous, quant à préfent, dans les régles générales.

Un Tarif de droits de Traite n'eft autre

chofe que la fixation des droits que tous les citoyens doivent payer fur les marchandifes pour leur contribution aux charges de l'État ; contribution d'autant plus jufte, qu'elle eft réglée par leur confommation. La conféquence de cette définition doit établir pour premier principe, qu'un bon Tarif doit être uniforme pour tous les Sujets d'un même Prince, & pour tous les Concitoyens d'un même État. Les autres impofitions peuvent varier par bien des raifons : par exemple, en France, les Tailles, les Gabelles, les droits d'Aydes peuvent, & même ne doivent pas être tous également & univerfellement perçûs. Indépendamment des priviléges de certaines Provinces, priviléges toujours refpectables lorfqu'ils font véritablement utiles à la Province, & que ce n'eft pas le feul préjugé qui les défend contre les inconvéniens qui en réfultent au préjudice du furplus de l'État , il faut convenir que plufieurs circonftances locales peuvent écarter ces

natures d'impofitions d'une Province ;
quoiqu'elles foient admifes dans des Provinces limitrophes. La nature feule des
productions peut être quelquefois une
raifon déterminante ; mais à l'égard des
droits de Traite, nous avons vû dans le
précédent Chapitre que leur utilité déci-
doit par tout leur exiftence, & il eft plus
naturel que les Bureaux de perception
diftinguent une Province de l'étranger ,
que de la feparer de fes concitoyens.
Nous verrons dans la fuite que cette raifon de convenance qui eft très-forte, eft
appuyée par tout de la raifon d'utilité.
Comment cela pourroit - il être autrement, fi le Tarif qu'il s'agit d'exécuter
eft plus favorable au Commerce qu'aux
produits de Finance ? Et nul Tarif ne peut
être bon , s'il eft travaillé dans d'autres
vûes ; peut-être même que les produits
n'en diminueront pas autant qu'on peut
le croire. On a fouvent vû , en fait de
Commerce , que les droits perçûs fur une
plus grande quantité de marchandife ,

ſuite néceſſaire d'un commerce bien animé , faiſoient diſparoître , en partie , la diminution de leur quotité. L'uniformité eſt donc une qualité eſſentielle d'un bon Tarif.

Il faut auſſi qu'un Tarif ſoit ſimple pour qu'il inſtruiſe facilement le Contribuable de ce qu'il doit payer , & le Fermier de ce qu'il doit recevoir. Les Commis ne ſont que trop portés à former des difficultés dont la fin leur procure quelquefois des profits peu légitimes : le Contribuable , de ſon côté , cherche à payer le moins qu'il peut. L'intérêt particulier , ce mobile général de tous les hommes , & de toutes leurs actions , fait naître tous les jours des conteſtations ſans nombre ſur le payement des droits de Traite ; & s'il n'eſt pas poſſible de ſupprimer toutes ces difficultés , il faut du moins tâcher de les prévenir par un Tarif ſimple qui ne laiſſe aucune équivoque ſur le montant des droits qui doivent être acquittés.

Il faut auſſi qu'un bon Tarif ſoit unique, c'eſt-à-dire, qu'il comprenne en un
ſeul droit tout ce que la marchandiſe
doit payer dans toute l'étendue de la
domination, ſoit à l'entrée, ſoit à la ſortie, & que les Bureaux de perception
ſoient portés à cet effet à la frontiere
extrême. Le retardement de la marchandiſe dans les Bureaux de perception, la
vérification, le déballage & le rembal-
lage de la marchandiſe, les frais, les longueurs, & quelquefois les avaries qui en
réſultent, ſont ſouvent plus onéreux que
les droits mêmes. La multiplicité des
Tarifs & des droits à acquitter le long
d'une route, multiplient les inconvéniens ; & ſouvent les droits acquittés
qui entrent dans les caiſſes du Roi, ne
font qu'une médiocre partie de ce qu'il
en coûte au Commerce, le ſurplus eſt
en pure perte & pour le commerce &
pour l'État.

La fixation de ces droits eſt la plus
grande difficulté du Tarif, & demande

une connoiſſance exacte des véritables
intérêts de l'agriculture & du commerce
général de l'État. C'eſt uniquement dans
des vûes utiles aux productions du ſol &
de l'induſtrie, que ces fixations doivent
être faites. Il faut être bien peu au fait
de tout ce qu'on appeiie Tarif, pour ne
pas ſavoir que les gros droits impoſés ſur
pluſieurs articles, ne ſont faits que pour
en empêcher l'introduction ou la ſortie;
qu'ils ne ſont preſque d'aucun produit,
parce que c'eſt la circulation ſeule qui le
procure, & que la diminution de ces
droits pourroit bien être utile à quelques
particuliers, mais ſeroit ſûrement funeſte
à l'État, ſi, comme on n'en peut douter,
ces droits n'ont été fixés ſi haut, que
pour le plus grand bien de l'État. Si les
droits de Traites étoient les ſeuls revenus d'un État, & qu'il fût néceſſaire d'en
augmenter le produit, on y parviendroit
indubitablement en les fixant à quatre ou
cinq pour cent de la valeur de toute
marchandiſe; mais ce ſeroit toujours une

très-mauvaise opération de Finance, les productions du sol & de l'industrie seroient trop chargées ; & en laissant moins d'essor à l'agriculture & au travail des Fabriques , on diminueroit nécessairement ces deux sources abondantes de la richesse de tout État. On ne sauroit donc avoir trop de soin dans la formation d'un Tarif pour favoriser la consommation intérieure par une libre circulation, pour ne pas gêner l'exportation du superflu par des droits de sortie capables de diminuer sa consommation à l'étranger, pour arrêter dans les Fabriques les matières premières qui leur sont propres, par des droits de sortie proportionnés à l'abondance ou à la rareté de la matière & à l'étendue de l'emploi que l'on en peut faire , pour favoriser l'entrée des matières premières dont on a besoin , en ne les imposant qu'à des droits extrêmement légers, & pour écarter, autant qu'il est possible, les matières premières qui pourroient nuire aux productions du ſol, ou les marchandiſes qui pourroient s'oppoſer au ſuccès des Fabriques, en les chargeant de droits d'entrée proportionnés aux dommages qui peuvent réſulter de leur introduction : mais il convient d'obſerver à cet égard que des droits trop forts ſont ſouvent dangereux, ſoit en donnant trop d'appas à la fraude & à la contrebande, qui ſont les plus grands ennemis du Commerce, ſoit en laiſſant dans l'inaction l'induſtrie des Fabriques, par le trop grand avantage qu'on leur aſſûre dans la concurrence.

Ces régles générales ſont indubitables; mais il eſt impoſſible de les détailler davantage, & leur application eſt fort délicate par l'étendue & la juſteſſe des connoiſſances qu'elle exige. C'eſt pour cela qu'on ne ſauroit trop conſulter les Intendans de toutes les Généralités du Royaume, les Chambres de Commerce & les plus gros Négocians, pour connoître les intérêts généraux des Provinces, ainſi que tous les intérêts particuliers des Ports ; combiner toutes ces vûes & ces obfervations pour les concilier , & faire réfulter de cette conciliation le bien général de l'État , feul but légitime de l'adminiftration fupérieure. Il eft bien aifé de fentir combien de nuances différentes réfulteront de ces combinaifons ; & c'eft par ce motif que s'il eft néceffaire d'être fimple dans les difpofitions d'un Tarif, il faut l'être encore plus dans les détails qui font inévitables en pareille matiere. Craignez la trop grande multiplication des articles d'un Tarif, fi elle amene quelque obfcurité, & qu'elle exige trop de connoiffances dans la perception ; mais craignez encore plus une trop grande briéveté qui laifferoit immanquablement des doutes & des difficultés fur les marchandifes innommées. En un mot, un bon Tarif doit être clair, fimple, unique & uniforme, & c'eft ce qui contribue le plus à la facilité de la perception ; qualité indifpenfable qui nous refte à difcuter dans des vûes générales.

Suppofons un Tarif parfaitement combiné dans les principes généraux que
nous venons d'établir. On y trouvera
toutes les marchandifes connues, bien
diftinctes & féparées les unes des autres,
rangées dans diverfes claffes de droits
plus ou moins forts , à raifon de tant
pour cent de la valeur de la marchandife. Il n'y aura point d'équivoque fur la
nature de la marchandife , ni fur la quotité de l'impofition. Il n'y a plus qu'un
point à remplir pour rendre l'ouvrage
parfait ; c'eft de conftater la valeur de la
marchandife : mais rien n'eft fait , & toute
l'harmonie & les proportions du Tarif
font dérangées , fi cette eftimation eft
mal faite. Ce n'eft point encore pour
l'intérêt de la Finance , mais du Commerce , qu'il convient d'éviter , autant
qu'il eft poffible , ce défaut effentiel ; &
il feroit à fouhaiter que ces eftimations
fuffent parfaitement juftes. Cela feroit
poffible à la rigueur ; mais les frais & les
longueurs des expéditions feroient auffi

funeftes au Commerce qu'à la Finance?
Si la Juftice rigoureufe n'eft pas admiffi-
ble, il faut encore avoir recours aux ex-
pédiens qui approcheront le plus du vrai
pour l'eftimation des marchandifes , &
qui procureront le plus de facilité dans
l'expédition.

Pour y réuffir, il femble qu'il faille
diftinguer les marchandifes fufceptibles
d'une évaluation commune & avouée
par le Commerce, d'avec celles qui ont
une valeur indépendante l'une de l'autre.
Prenons pour exemple les toiles de coton qui font fufceptibles d'une évaluation commune à l'aune ou au quintal,
& les diamants, tableaux & bijoux qui
ne peuvent y être affujettis.

Commençons par les marchandifes
qui ne font pas fufceptibles d'une évaluation commune. Dans l'état préfent ,
c'eft au propriétaire à les eftimer dans
la déclaration qu'il en fait aux Bureaux
de la Ferme ; & c'eft au Fermier à opter
de recevoir les droits fur le pied de la

déclaration ; ou de retenir la marchandife, en payant la valeur indiquée avec
un fixiéme en fus. Il faut convenir que
cette forme a un défaut effentiel ; c'eft
que la déclaration eft toujours au moins
d'un fixiéme au-deffous de la valeur
réelle de la marchandife : ce qui dérange néceffairement la proportion de l'impofition, à moins qu'on n'y ait eu égard
lors de la fixation de la quotité du droit ;
ce qui eft bien difficile, parce qu'il eft
impoffible de prévoir au jufte jufqu'où
monteront les vices des déclarations. Il
eft prefque certain que la valeur fera di-
minuée d'un fixiéme ; & fouvent le propriétaire ira plus loin, car il fent fort
bien qu'il ne convient point au Fermier
de fe charger de la marchandife, & que,
s'il fe fert une fois par hazard du bénéfice de l'option, ce n'eft que pour faire
un exemple qui ne peut pas avoir de
fuite. Il eft cependant bien difficile de
faire mieux ; & l'on n'imagineroit qu'une
feule réformation à y faire : c'eft de ré-

duire à dix pour cent le fixiéme que le
Fermier doit payer au-deffus de l'eftima-
timation, en retenant la marchandife.
Le Commerce ne peut fe plaindre de
cette réduction, parce qu'elle laiffe au
Marchand un gain confidérable fur fa
marchandife, & que d'ailleurs elle n'o-
père que contre le fraudeur, que perfonne n'oferoit défendre ouvertement,
& que le bon Négociant condamne hautement.

Paffons aux marchandifes qui font
fufceptibles d'une évaluation commune
au poids, au nombre, ou à la mefure.
Il n'y a rien de fi commode que cette
perception : point de retardement dans
les expéditions, point d'équivoque fur
le droit à payer ; en un mot tous les
avantages s'y trouvent, fi l'eftimation
eft bien faite. Mais à qui s'adreffera-t-on
pour cela ? Au Commerce lui-même.
Prefque toutes les grandes villes commerçantes de l'Europe ont des Tarifs du
prix des marchandifes dont elles font

commerce, qu'elles ont grand foin de rendre publics , pour avertir les acheteurs. Si quelques marchandifes du Tarif général ne fe trouvent pas dans quelque Tarif particulier , elles fe rencontreront dans un autre ; & les Chambres de Commerce réunies feront le Tarif complet. Il faut pourtant prévoir qu'il fe trouvera des contrariétés entr'elles , & que toutes, pour leur intérêt particulier, chercheront à mettre les prix au rabais. Le moyen qui fe préfente pour éviter les plus grands abus , eft d'admettre le Fermier à débattre le prix des Chambres de Commerce, & de n'arrêter l'évaluation qu'après la difcuffion la plus réfléchie de tous ces mémoires. Avec ces précautions, on peut efpérer de parvenir à une évaluation , finon géométrique, du moins approchant du vrai. Il eft, je crois, inutile de dire que, pour fixer le taux de cette évaluation , on ne prendra point pour modèle le temps de guerre ,

guerre, ni d'autres calamités publiques ;
mais celui du Commerce le plus floriffant & le plus animé.

Comment procédera-t-on à ces eftimations? Sera-ce par efpèce, fera-ce par
qualités dans chaque efpèce? Ce dernier
parti feroit le plus sûr, s'il n'entraînoit
pas avec lui trop d'inconvéniens. La
multiplicité énorme des qualités dans les
efpéces de lainage, ou de toiles qui font
une des parties effentielles du Commerce, eft un premier vice qui chargeroit
trop le Tarif, & le rendroit obfcur : les
difficultés perpétuelles qu'il y auroit entre les Commis & le Propriétaire pour
fixer la qualité de la marchandife pré-
fentée aux Bureaux, en forment un fecond ; & vrai-femblablement le Marchand jugé par fes confrères, auroit fouvent raifon : c'eft le défaut de l'humanité.

L'évaluation par efpèces paroît auffi,
au premier coup d'œil, avoir un défaut
effentiel ; c'eft l'inégalité : car la même

efpèce renfermant des qualités très-dif-
férentes, qui acquittent tous les droits
au même prix, il en réfulte que la marchandife la plus précieufe paye, eu égard
à fa valeur, beaucoup moins que la marchandife la plus commune ; & cela feroit
vrai, fi le Marchand ne réformoit pas
lui-même cette irrégularité ; mais tout
commerce fe fait néceffairement par l'af-
fortiment des différentes qualités de chaque efpèce, pour fournir aux différens
genres de confommation. Le Marchand
connoît parfaitement les différentes qualités de chaque efpèce ; il fait le montant des droits qu'il a payés pour l'efpèce entiere, & d'un trait de plume fur
fon comptoir il fixe, fuivant fes différentes vues & les fpéculations, qu'il connoît feul la portion de droits qu'il fera
porter à chaque qualité. Il ne faudroit
guère connoître le Commerce, pour ne
pas favoir que cette opération eft ordinaire dans tous les magafins un peu confidérables des Négocians en gros & des

Marchands en détail. Cet inconvénient levé, laisse voir tout l'avantage de l'eſtimation par eſpèces; & on ne doute pas que le Commerce ne la deſire vivement.

Un inconvénient plus réel, & peut-être plus difficile à parer, réſulte des variations du Commerce : toute marchandiſe recherchée augmente de prix; toute marchandiſe abandonnée diminue néceſſairement. Ce n'eſt rien quand cela n'eſt occaſionné que par la rareté ou l'abondance momentanée de la marchandiſe; cela anime même pour lors les ſpéculations qui donnent toujours beaucoup de reſſort au Commerce : mais la mode & le luxe changent quelquefois au point de décréditer totalement une marchandiſe, & de la remplacer par d'autres innommées dans le Tarif. Il faut bien ſoulager la marchandiſe malheureuſe, & fixer celle qui l'a remplacée. Mais ces variations, toute fréquentes qu'elles puiſſent être, n'arrivent pas tout-d'un-coup , & le terme d'un bail des Fermes de fix années n'eſt pas fort long. Ce feroit tomber dans des variations & des difficultés continuelles, que de ne pas conſerver la même évaluation pendant le cours d'un bail : mais il paroît juſte de recevoir , un an avant la paſſation d'un nouveau bail , les repréſentations que le Commerce ou la Ferme pourront faire pour l'augmentation ou la diminution de quelques évaluations, d'y faire droit, ſi elles en valent la peine , ou de les rejetter, ſi elles ne font pas aſſez conſidérables pour changer une loi connue & bien établie.

Que fera-t-on pour les marchandiſes innommées ? C'eſt ſans doute au Conſeil à les fixer : mais en attendant cette déciſion , on ne peut pas retarder la perception des droits , ni les expéditions du Commerce. Dans l'état préſent, elles font toutes impoſées à cinq pour cent; & ce taux milieu paroît fort bien choiſi pour une exécution proviſoire. Mais ſi ce provifoire duroit quelque temps , on rifqueroit de déranger beaucoup les proportions établies par le Tarif. Si cet inconvénient eft confidérable , le remède ne paroît pas difficile. Un bon Tarif eft néceffairement travaillé par claffes , depuis la plus baffe , qui eft la claffe de franchife , jufqu'à celle de quinze ou vingt pour cent , qui eft , pour ainfi dire , la claffe exclufive ; & ces claffes , fans être trop nombreufes , doivent l'être affez pour qu'une marchandife innommée puiffe être utilement renfermée dans une des fept ou huit claffes qui compofent le Tarif. C'eft l'analogie de cette marchandife , avec quelques-unes de celles comprifes dans le Tarif , qui doit l'arranger dans une claffe plutôt que dans une autre ; & la décifion à cet égard ne doit être ni longue , ni difficile. Cette premiere opération une fois faite , il n'y aura plus que l'évaluation à fixer , fi la marchandife en eft fufceptible ; & on confultera à cet égard les Chambres du

Commerce & le Fermier, comme on aura fait pour les autres articles du Tarif : peut-être même ne fera-t-on pas obligé d'y avoir recours dans ce premier moment, & s'en tiendra-t-on à l'eſtimation faite par le premier propriétaire, juſqu'à ce que l'uſage & l'expérience aient répandu plus de lumieres ſur la véritable valeur.

Plus on diſcute les difficultés qu'on peut rencontrer dans la fixation des évaluations, plus on cherche les moyens de les lever, & plus on doit prévoir le cas où une trop grande contrariété de ſentimens rendroit cette fixation trop difficile à concilier, & exciteroit trop de plaintes particulieres contre une opération qui n'eſt faite que pour le bien de tous. Dans ce cas, quel expédient pourroit-on prendre pour remédier aux plus grands abus ? L'option qu'a le Fermier de percevoir les droits ſur l'eſtimation du propriétaire, ou de retenir la marchandiſe, en rembourſant le prix de l'eſtimation avec un dixiéme en fus, eft un prompt reméde, & peut-être le feul applicable aux marchandifes qui ne font pas fufceptibles d'une évaluation commune ; mais celles qui peuvent être impofées au poids, au nombre ou à la mefure, font ordinairement en affez grande quantité de pareille efpèce. Pour qu'on puiffe leur appliquer un autre expédient plus sûr, & dont perfonne ne fauroit fe plaindre, c'eft d'accorder au Fermier la faculté de percevoir fon droit en nature. Le propriétaire n'a rien à dire ; car le droit ne peut pas être forcé, & la perception n'eft pas fufceptible d'abus : le Fermier n'eft point expofé à être chargé d'un trop grand nombre de marchandifes, ni obligé d'avoir toujours de l'argent oifif dans les Bureaux de perception. Comme ces Bureaux feront prefque tous dans des lieux de Commerce, ou à portée des débouchés, il n'aura pas de peine à placer les marchandifes qu'il prendra en nature ; & le propriétaire de

C iiij

la marchandife , qui a intérêt de ne point voir défaire fes balles , fera plus circonf-pect fur fon eftimation , pour éviter cet inconvénient, dont il connoît le dom-mage.

Après ces précautions, on peut efpé-rer , avec le temps , de parvenir à faire un bon Tarif, & d'y réunir la clarté, la fimplicité & la proportion de l'impo-fition , avec la facilité de la perception & de l'expédition. Mais, quelques foins qu'on fe foit donné pour former un pa-reil Tarif, quelque grande que foit l'u-tilité qui en doit réfulter, tous ces avan-tages peuvent difparoître dans l'exécu-tion , par la compofition des droits, ou la fraude des droits établis, ou l'intro-duction en contrebande, enfans malheu-reux de l'intérêt perfonnel, qu'on ne re-garde pas toujours comme ils devroient être confidérés. La haine contre le Fer-mier, fentiment du peuple en général, favorife fouvent la pitié mal-placée qu'on a pour le contrebandier : on le regarde presque toujours comme une victime innocente, que les employés des Fermes sacrifient à leur avidité; & les Tribunaux ne se portent qu'avec peine à leur infliger les peines qu'ils ont encourues. Démasquons la contrebande, & éclairons le public des rayons de la vérité.

Qu'est-ce qu'un homme qui fait métier & marchandises de contrebande ? C'est un homme qui introduit, par des voies illicites, des marchandises prohibées, à l'effet de les vendre, & d'en substituer la consommation à celles des marchandises nationales & autorisées.

Le gain qu'il fait dans ce commerce, est le seul motif qui l'y détermine : cet intérêt est purement personnel, puisqu'il n'en peut résulter d'utilité que pour lui, & dès-lors il est peu favorable ; mais si l'utilité personnelle & pécuniaire qu'il peut en retirer, est la ruine de ses concitoyens, il devient pour-lors un membre pervers nécessaire à retrancher pour le bien de la fociété. C'eft ce qu'il eft aifé de démontrer. En effet, la contre-bande des marchandifes prohibées atta-que directement les deux Corps les plus utiles de l'Etat, & qui font prefque in-féparables, puifqu'ils favorifent mutuel-lement leur confommation ; ce font les Colons & les Fabriquans. Cent mille écus de marchandifes introduites en contre-bande ne feront pas la fortune d'un Mar-chand ; & les mêmes cent mille écus employés en fabrique de l'intérieur, au-roient occupé cent métiers, qui auroient entretenu au moins fix cens perfonnes, qui auroient confommé au moins le produit de trois cens arpens de terre. Une feule contrebande de cent mille écus ôte donc les moyens de vivre à fept ou huit cens citoyens, & les réduit à la mifere : ils deviennent pour-lors à la charge des autres, non-feulement par les foibles fecours que la charité peut leur fournir, mais par le rejet des impo-fitions qu'ils ne peuvent plus acquitter.

Peut-on voir fans indignation tant de citoyens utiles & précieux devenir la victime de l'avidité d'un feul? Cependant ce tableau n'eft point exagéré: on ne connoît que trop les fiéges ordinaires de la contrebande; & l'on peut aifément vérifier que les lieux où elle s'exerce le plus, font prefque dépourvus de fabrique & de population. Un Marchand de contrebande de moins feroit reparoître beaucoup d'autres citoyens; & ce feroit enrichir la fociété, que de les en retrancher.

Il faut convenir que les prohibitions favorifent la contrebande; & ce feroit fans doute un bien de ne laiffer fubfifter que celles qui font abfolument néceffaires. Un bon Tarif y remédieroit d'ailleurs; & les marchandifes prohibées, rangées dans la claffe des plus forts droits, fe répandroient plus difficilementt, parce qu'un exécuteur intéreffé femble répondre plus fûrement de l'exécution de la loi, & la fraude des droits paroît devoir être plus difficile que l'introduction en contrebande.

Pour favoir ce qu'on doit penfer fur la fraude des droits du Roi, il faudroit commencer par connoître les motifs des droits & les conféquences de la fraude. Peut-être, après cela, n'aura-t-on pas tant de compaffion & d'indulgence pour les fraudeurs. Quelques préjugés que je crois faux, mettent fouvent au nombre de leurs protecteurs, des gens qui ne croyent pas pour cela manquer au de-voir d'honnête homme & de citoyen.

Le motif des droits en général, eft le payement des charges de l'Etat : le mo-tif des droits de Traites en particulier, eft le plus grand avantage du Commerce. Examinons les conféquences de la fraude fous ces deux points de vûe.

Difons d'abord, fur le premier motif, qu'il eft de l'intérêt des peuples que les droits établis donnent tout le produit dont ils font fufceptibles; parce que, fi une partie des droits impofés pourvoyoit

fuffifamment aux charges de l'Etat, le
furplus feroit fupprimé, ou ne fubfifte-
roit utilement pendant quelque temps,
que pour libérer l'Etat, & préparer des
reffources en temps de guerre, fans avoir
recours à de nouvelles impofitions encore plus pefantes dans ce temps que
dans tout autre. Tout ce qui diminue le
produit d'une impofition, eft donc un
mal, parce qu'il donne lieu à de nouvelles impofitions.

Cette raifon, toute folide qu'elle eft,
ne frappera peut-être pas tout le monde.
L'efprit de critique qui fe répand toujours, & d'autant plus facilement qu'il
trouve moins de contradicteurs parmi
des gens qui ne voudroient rien payer
du tout; l'efprit de critique, dis-je, per-
fuadera beaucoup de perfonnes que la
fuppreffion de la fraude, fi elle étoit
poffible, ne feroit que groffir les revenus du Roi, fans aller à la décharge du
peuple. Effayons de prouver que c'eft
contre le citoyen & contre le bon ci-

toyen que la fraude porte directement.

A qui penfe-t-on qu'on faffe tort, en fraudant les droits du Roi ? Eft-ce au Roi ? Cela ne peut pas être, puifqu'enfin il eft de l'intérêt de l'Etat qu'on en acquitte les charges, & que, plutôt que d'y manquer, on auroit recours à de nouvelles impofitions.

Eft-ce fur les Fermiers généraux ou particuliers que tombe la fraude ? Non, fans doute : la fraude eft un inconvénient connu. Le montant n'en eft pas fixé ; mais cette incertitude eft plus favorable que contraire au Fermier ; parce que, fi c'eft un ancien droit, il ne calcule le prix de fon bail, que fur les produits réels ; fi c'eft un nouveau droit, & qu'il calcule par fpéculation, il forcera plutôt l'objet de la fraude, que de le diminuer, & fon calcul fera toujours à fon profit.

L'inconvénient de la fraude ne retombe donc que fur le citoyen honnête homme, qui porte feul tout le faix de l'impofition : premier inconvénient très-confidérable, puifqu'il opére l'inégalité de l'impofition.

Les employés occupés à empêcher la fraude, & les fujets qui font leur unique occupation de la fraude, font encore un inconvénient confidérable, puifqu'ils forment un peuple inutile pour l'Etat, & dont une partie travaille même contre fes intérêts. Eft-ce pour de pareils citoyens qu'on peut avoir de la compaffion & de l'indulgence? Mais malheureufement les réflexions les plus belles & les plus fortes ne réformeront point le fait. Il y aura des fraudeurs tant que la fraude donnera des profits. Tout l'univers penfe de même, & le François encore plus qu'un autre : né vif & brave, il marche à la fortune avec plus de rapidité, par toutes les voies qui peuvent l'y conduire. Tout ce qu'on peut faire, c'eft de diminuer l'objet de la fraude, foit par une fixation de droits qui laiffe peu d'appas au fraudeur, foit par la rigueur des condamnations & l'exactitude de l'exécution.

Je ne dirai qu'un mot des compofitions fur les droits. Si elles font autori-
fées par le Miniftère fur quelque partie
de marchandife en général, ce n'eft
point une compofition; c'eft une véritable réformation du Tarif exiftant : fi elles
font faites par les Commis, & approu-
vées par le Fermier, elles ne font pas légitimes, & font expreffément défendues
au Fermier. En effet cela doit être, parce
que de pareilles compofitions font capables de déranger les proportions du Tarif
le mieux combiné.

Si ces proportions ne font pas juftes,
il faut réformer le Tarif, & parler tout
haut à cet égard : c'eft l'intérêt de tout
le monde ; & on eft fûr d'être écouté.
Mais fi ces proportions font juftes, &
que le bien public foit opéré par elles,
c'eft un crime que de les déranger : l'intérêt perfonnel n'eft jamais excufable,
quand il nuit à l'intérêt public.

Nous croyons avoir prouvé jufqu'ici
l'utilité d'un bon Tarif, & indiqué les
règles

règles générales qui peuvent fervir à établir folidement fes avantages, foit dans
fa formation, foit dans fon exécution.
L'agriculture & le commerce nous ont
toujours fervi de guides, & nous ne pou-
vions en choifir de plus affurés. L'agriculture n'a plus rien à defirer : la confommation intérieure & l'exportation
des marchandifes fabriquées ne peuvent
pas être traitées plus favorablement. Mais
le commerce & la navigation éprouvent
une perte réelle & inévitable, fi on ne
vient à leur fecours pour la partie du
commerce purement étranger. Je m'ex-
plique. Dans un bon Tarif telle marchandife a été chargée de gros droits
pour en gêner l'introduction, & telle
autre a été chargée de droits plus légers
pour favorifer la confommation des marchandifes nationales, pareilles ou équivalentes. La marchandife de cette efpèce
qui aura acquitté les droits, ne pourra
plus reffortir dans le commerce étranger
en concurrence avec pareille marchan-

dife fournie par l'étranger, & qui n'aura point éprouvé les mêmes charges. Le commerce que le Négociant auroit pû faire à cet égard, eft abandonné à l'Etranger, & la navigation qu'il auroit occafionnée, eft perdue pour l'Etat. Cet inconvénient eft trop général & trop connu par-tout, pour qu'on n'y ait pas cherché des remédes : on en a employé de deux efpéces, dont l'un eft la reftitution des droits à la fortie, & l'autre eft la franchife de l'entrepôt.

La reftitution des droits, connue dans beaucoup d'endroits, a de grands inconvéniens de plufieurs côtés. A l'égard du commerce, c'eft une grande gêne pour le Négociant, & une charge réelle pour le Commerce, que d'être obligé de commencer par payer les droits, & d'attendre fouvent l'examen de formalités exactes, mais néceffaires pour en obtenir la reftitution. C'eft auffi un très-grand embarras pour la régie, qui, pour éviter les fraudes prefqu'inévitables en pareil cas, eſt obligée de ſuivre, pour ainſi dire, les opérations de chaque Négociant : ce qui multiplie les employés, les frais de régie, &, par une conſéquence néceſſaire, multiplie auſſi les fraudes.

La franchiſe de l'entrepôt eſt bien plus juſte & plus favorable : elle accorde au Commerce toute la protection qui lui eſt dûe; elle ne dérange rien au Tarif, puiſque la marchandiſe admiſe à l'entrepôt n'eſt pas entrée. Si elle en ſort pour aller à l'Etranger, elle ne doit rien, parce qu'elle ne s'eſt jamais trouvée dans le cas d'acquitter les droits du Tarif : ſi, en ſortant de l'entrepôt, elle eſt deſtinée à entrer dans la conſommation du Royaume, elle paye les droits du Tarif. Le Commerce extérieur a toute ſa liberté & toutes ſes franchiſes, & les proportions du Tarif ne ſont point dérangées : c'eſt le meilleur état qu'on pût deſirer; & ſept ou huit entrepôts francs de cette eſpèce, dans les plus grands débouchés & les plus grands lieux de commerce du Royaume, soit par terre, soit par mer, feroient très-propres à animer le commerce & la navigation, à multiplier les tranfports par terre, & à vivifier la circulation univerfelle dans un Etat. Les inconvéniens de ce projet ne peuvent fe rencontrer que dans l'exécution : ils n'ont pas d'abord arrêté le Miniftère, puifqu'enfin ces entrepôts font autorifés par l'Edit rendu pendant le Miniftère de M. Colbert, au mois de Septembre 1664. Ont-ils exifté depuis, & dans quelle forme ont-ils exifté ? C'eft ce qu'il eft peut-être difficile de bien vérifier : mais on changea beaucoup à leur forme dans l'Ordonnance de 1687 ; & il paroît qu'ils exiftèrent pour-lors, puifqu'ils ont été fupprimés en 1688. Les motifs annoncés dans l'Arrêt de fuppreffion, ont été les inconvéniens exceffifs de fraude qui en réfultoient. Il feroit bien trifte que l'inconvénient de la fraude fût quelquefois un obstacle invincible aux opérations les plus utiles que l'on voudroit faire ; & il seroit bien fâcheux de trouver cet obstacle dans le commerce même qu'on voudroit favoriser. Mais cet inconvénient de fraude est-il aussi réel & aussi fréquent que semble l'annoncer la Requête sur laquelle est intervenu l'Arrêt de 1688 ? Cela peut être vraisemblable, puisque c'est le motif de la suppression des entrepôts, dont on connoissoit toute l'utilité, & du côté du Commerce, & du côté de la Finance. Mais n'y a-t-il point de remédes ? Les gros Négocians ne peuvent être soupçonnés d'avoir trempé ni connivé dans ces fraudes : leur bonne foi & leur patriotisme est d'accord avec leur intérêt, pour bannir la fraude, & conserver l'entrepôt. N'auroient-ils pas eux-mêmes de précautions à indiquer, pour contenir ceux qui, dans le commencement de leur fortune, font moins difficiles sur les moyens ? C'est le bien commun qu'il s'agit d'opé-

rer. Les obſtacles qu'on peut y rencon‑
trer ſeront-ils donc invincibles? Cela ne
devroit pas être, & du moins on ne peut
ſe diſpenſer de ſouhaiter que cela ne ſoit
pas.

Il eſt vrai cependant que l'on, en a jugé
autrement juſqu'à ce jour; & c'eſt, ſans
doute, ce qui a donné lieu au rétabliſſe‑
ment & au maintien des ports francs.

La franchiſe du port de Marſeille fut
rétablie en 1669, & débarraſſée d'une
grande partie des entraves qu'elle s'é‑
toit impoſées : elle auroit peut-être en‑
core beſoin aujourd'hui d'une nouvelle
réformation. Les priviléges de Bayonne
ont été étendus ; la haute ville de Dun‑
kerque a joui de la franchiſe la plus com‑
plette ; & ſi, en comprenant l'Alſace
dans l'enceinte des Bureaux de Traites,
on conſervoit une pareille franchiſe à la
ville de Straſbourg, il y auroit aux quatre
coins de la France quatre entrepôts gé‑
néraux de marchandiſes, ſoit nationa‑
les, ſoit étrangeres, prêtes à ſe diſtri‑

buer par-tout, & à fournir aux befoins, foit de l'intérieur, foit de l'Etranger. Ces quatre villes peuplées de Négocians habiles & grands fpéculateurs, auroient toujours leurs magafins affortis des richeffes de tout le monde, & feroient à portée, par leur pofition & par l'activité de leur commerce, de profiter de tous les débouchés que les variations du commerce ne manquent jamais d'ouvrir à ceux qui les cherchent avec affiduité, & qui font prêts d'y fournir : les magafinages, les voitures, foit par terre, foit par mer, & les droits de commiffion formeroient feuls une richeffe affurée pour tous les entrepôts. Mais comment feront traités ces lieux privilégiés ? Placés hors l'enceinte des barrières générales, ils ne paroiffent plus diftingués d'avec l'Etranger ; cependant ils font citoyens, & plus intéreffés que tous autres à la profpérité de l'Etat dont ils font membres. Il eft d'autant plus jufte qu'ils en fupportent les charges, qu'ils profitent plus avantageufement de la protection du Souverain. Ils ne font, à proprement parler, ni étrangers, ni regnicoles; & on pourroit les regarder comme une colonie de citoyens, féparée de la patrie principale. Comme membres de la colonie, ils font fujets aux charges qu'elle doit porter; comme féparés de la patrie principale, ils doivent être traités comme étrangers dans les Bureaux de communication, qui font établis vis-à-vis d'eux comme vis-à-vis l'Etranger effectif. Dans la règle étroite, le bénéfice de l'entrepôt ou la franchife ne font accordés qu'à leur commerce, & non point à leur confommation. Si cette diftinction eft poffible à faire dans la régie, elle eft jufte à maintenir : mais fi les circonftances locales s'y oppofent trop fortement, fi elle entraîne avec elle une régie trop pénible & trop hériffée de difficultés, il vaut mieux y renoncer, & regarder ces villes comme totalement étrangères en fait de commerce, même pour leurs fabriques ; ce qui doit faire d'autant moins de difficulté, que leur commerce suffit pour les occuper utilement, & que les fabriques en général ne font parfaitement utiles, que lorfque, répandues dans les campagnes, elles rempliffent les momens oififs du laboureur, diftribuent, pour ainfi dire, par-tout la confommation, & animent une circulation générale dans toutes les Provinces.

Il eft bien aifé de fentir, par ce que nous venons de dire, combien la qualité de citoyens inhérente à tous les habitans du même état, & l'égalité de protection dûe par le Souverain à tous fes fujets, font difficiles à concilier avec les priviléges des ports francs. Cela n'eft pourtant pas impoffible, en laiffant même les habitans des ports francs maîtres du fort qu'ils voudront choifir. Il faut obferver d'abord que, fi les ports francs mettent une différence entre les citoyens, ce n'eft que pour le commerce. La liberté du commerce à l'Etranger, eft le

feul fondement de cette diftinction : c'eft
à eux à en régler le degré. Cette liberté
n'a-t-elle aucune reftriction ? Ils doivent être regardés totalement comme
Etrangers, & toute exception feroit vi-
cieufe & injufte, parce qu'on ouvriroit
la porte à l'Etranger fous la protection
du port franc, & que le commerce intérieur de tout l'Etat feroit la victime de
l'abus de ce privilége. Mais le port franc
veut-il renoncer lui-même à une portion
de fa franchife, & avoir une communication libre avec l'intérieur fur des objets qu'il lui eft utile de tirer du Royaume, ou que fes fabriques peuvent lui
fournir ? Par exemple, eft-il intéreffant
pour Marfeille de tirer des foyes & des
bois de l'intérieur, & d'y fournir des favons & des étoffes de foye fabriquées ?
Elle n'a qu'à confentir que la barrière
établie entre le Royaume & l'Etranger
fur ces objets, ait lieu à l'entrée de fon
port ; & ces mêmes objets feront libres
au paffage de la barrière qui la fépare

de l'intérieur : c'eſt à elle à voir ce qui eſt le plus favorable à ſon commerce, & à opter en conſéquence. C'eſt maintenir ſa franchiſe en entier, que de conſerver cette franchiſe dans tous les objets de commerce où elle peut lui être utile; c'eſt la faire jouir de tous les droits & prérogatives des citoyens dans tous les cas où elle voudra conſerver ce précieux titre.

Pour ſe réſumer ſur cet objet, on peut dire que quelques exceptions du Tarif général ſont néceſſaires pour ſe conſerver la branche précieuſe du commerce de l'Etranger à l'Etranger par entrepôt dans le Royaume; que la meilleure façon d'y réuſſir, ſeroit le rétabliſſement de ſept ou huit entrepôts généraux, ſi cela eſt poſſible; ſinon qu'il faut ſe contenter de conſerver les ports francs qu'on peut avoir, & même d'y ajouter quelqu'autre ville de franchiſe, pour animer le commerce par-tout.

Une ſeconde exception au Tarif, c'eſt

le tranfit : fon utilité n'eft pas encore douteufe, mais fes inconvéniens font auffi connus ; cependant ces inconvéniens femblent plus faciles à parer. Ces tranfits en exemption de droits ne font faits que pour faciliter la communication du commerce, & profiter des frais de tranfports. Toutes les routes ne font pas également utiles : celles qui communiquent à de grands lieux de commerce, font feules néceffaires ; & en indiquant un petit nombre de grandes routes & de Bureaux, tant de chargemens que de forties, en ordonnant que le plomb de tranfit ne feroit appofé dans les Bureaux de chargemens, qu'après la reconnoiffance exacte des marchandifes renfermées dans les ballots, & que ces mêmes ballots feroient exactement vérifiés dans les Bureaux de fortie indiqués, enfin en n'accordant, fi cela eft néceffaire, la facilité du tranfit qu'à des voitures établies exprès pour cet objet, de la fidélité defquelles on pût s'affurer, il feroit peut-être poffible de remédier aux plus grands abus ; & ceux qui pourroient fubfifter encore, feroient couverts avantageufement par les bénéfices qui réfulteroient du tranfit. Cet article, tout important qu'il eft, ne peut guères être traité en général. Chaque tranfit demande à être combiné entre le Commerce & le Fermier ; c'eft l'intérêt de l'un & de l'autre, puifque c'eft l'intérêt de tout l'Etat ; & l'objet d'une adminiftration auffi fage qu'intelligente, eft de concilier les intérêts particuliers, pour parvenir au bien général.

Pour achever en peu de mots ce qui peut concerner les Tarifs, il ne refte plus à parler que des influences que peuvent avoir fur cet objet les traités faits avec les Puiffances étrangères. En général, la loi de la réciprocité à cet égard eft bien conforme au droit des gens & aux grands principes de l'humanité. Il eft prefqu'inutile d'obferver que les faveurs accordées aux Etrangers dans un Etat, peuvent être convenables & légitimes ; pourvû qu'elles n'excédent pas les faveurs que le Souverain doit avec plus de raison à ses propres Sujets : on ne croit pas même qu'il y ait d'exemples de pareilles clauses dans aucun traité ; & s'il a pû arriver quelquefois que les circonstances forcées aient donné naissance à des usages contraires, le droit public les proscrit , & leur ancienneté même ne sauroit les défendre. Il est bien des façons de reconnoître les services rendus par les Etrangers ; mais il n'est point de raison qui puisse faire préférer l'Etranger au Citoyen : la reconnoissance est le devoir d'un Etat, comme d'un simple Citoyen ; mais son premier devoir est la défense & la protection qu'il doit à ses Sujets. Tout ce qui y est contraire , ne peut se soutenir, & les traités les plus authentiques seroient incapables de le légitimer : c'est tout ce qu'on peut dire des traités par rapport aux Tarifs. Nous avons vu, dans un premier Chapitre,

qu'un bon Tarif étoit utile : nous avons
examiné dans le fecond, quelles étoient
les qualités qui lui étoient néceffaires
pour être effentiellement utiles ; examinons dans le troifiéme quel eft l'état de
la France fur cet objet important.

CHAPITRE III.

De l'état actuel des Tarifs en France.

NOUS avons vu l'utilité des Tarifs
en Finance, pour éviter les perceptions
arbitraires & conféquemment injuftes; en
Commerce, pour en connoître l'étendue, l'augmenter, animer les branches
vivantes, foulager celles qui languiffent,
& en ouvrir de nouvelles, en levant les
obftacles qui s'oppofent à leur naiffance.
Nous avons tâché de raffembler fous les
yeux les principales qualités qui confti-
tuent la bonté réelle d'un Tarif. Il feroit
fort à defirer de trouver ces qualités réu-

nies dans les Tarifs qui subsistent actuellement en France : mais malheureusement on se convaincra facilement du contraire, en réfléchissant sur la multiplicité des Tarifs qui sont en usage dans le Royaume, & sur les principes sur lesquels ils sont établis.

La distribution typographique du Royaume, relativement aux droits de Traites, mettra sous les yeux, d'une maniere également claire & frappante, les différentes formes & les différens cas de perception, auxquels elle a dû nécessairement donner lieu.

Le Royaume est partagé actuellement, relativement aux droits de Traites, en trois sortes de Provinces, dont les distinctions ne peuvent paroître que fort singulieres dans une étendue de pays soumis au même Souverain.

On le divise, 1°. en Provinces des cinq grosses Fermes ; 2°. en Provinces réputées Etrangeres ; 3°. en Provinces regardées comme Pays Etranger.

Par

Par Provinces des cinq groffes Fermes, on entend les Provinces qui fe font
foumifes à la loi du Tarif de 1664 ; favoir, les Provinces de Normandie, Picardie, Champagne, Bourgogne, Breffe,
Poitou, Aunis, Berry, Bourbonnois,
Anjou, Maine, Thouars, Châtellenie,
de Champtonceau, Beaujollois, l'Ifle de
France, Orléannois, Perche, Nivernois
& Touraine.

Les Provinces réputées étrangeres,
font celles qui fe font refufées à l'établiffement du Tarif de 1664, & qui lui
ont préféré leurs anciens Tarifs particuliers ; telles que Bretagne, Angoumois,
la Marche, Limoufin, Saintonge, Guyenne, Gafcogne, Baffe-Navarre, Bearn,
Rouffillon, Languedoc, Auvergne,
Roüergue, Forez, Vivarais, Provence,
Dauphiné, Lyonnois, Franche-Comté,
Haynaut, Flandres, Cambrefis & Artois.

On regarde enfin comme Pays étranger, les Provinces qui ont confervé une
communication libre avec l'Etranger,

E

& qui tirent des autres Nations, ou leur envoyent toutes fortes de marchandifes, fans être affujettis à acquitter les droits d'aucun Tarif général de Traites, établi aux entrées & forties du Royaume, telles que l'Alface, les trois Evêchés & la Lorraine.

Les marchandifes qui circulent dans toute l'étendue des Provinces foumifes au Tarif de 1664, ne font fujettes à aucun droit de Traites.

Celles qui fortent de l'étendue de ce Tarif, foit par mer, foit par terre, & empruntent le paffage des Provinces réputées étrangeres, pour rentrer dans l'étendue dudit Tarif, font exemptes des droits d'entrée & de fortie des cinq groffes Fermes; mais cette efpéce de tranfit n'eft pas abfolument gratuit, & ces marchandifes acquittent les droits dûs dans les Provinces réputées étrangeres, dont elles empruntent le paffage.

Les marchandifes qui viennent de l'Etranger dans l'étendue du Tarif de

1664; ou qui en fortent pour aller à l'Etranger, payent les droits de ce Tarif, à moins qu'elles n'aient été impofées à des droits uniformes aux entrées & aux forties; auquel cas ces droits font acquittés au lieu & place de ceux du Tarif auxquels ils font fubftitués. Nous parlerons dans la fuite de ces droits uniformes.

Enfin les marchandifes qui viennent des Provinces réputées Etrangeres dans l'étendue de celles des cinq groffes Fermes, ou qui font tranfportées de cette étendue dans les Provinces réputées étrangeres, font fujettes aux droits d'entrée & de fortie du Tarif de 1664, indépendamment des droits de Tarifs particuliers qui ont lieu dans lefdites Provinces réputées étrangeres, qu'elles doivent pareillement acquitter.

Les marchandifes qui circulent dans les Provinces réputées étrangeres, font fujettes à tous les droits qui ont cours dans lefdites Provinces; & ces droits fe payent, tant dans les pays d'où ces marchandifes font enlevées, que dans ceux dont elles empruntent le paffage, & dans ceux pour lefquels elles font deftinées.

Les marchandifes qui font tranfportées des Provinces réputées étrangeres en d'autres Provinces réputées étrangeres, & qui, pour y aller, empruntent le paffage des Provinces de l'étendue du Tarif de 1664, font fujettes, tant aux droits d'entrée qu'à ceux de fortie de ce Tarif, indépendamment des droits particuliers defdites Provinces réputées étrangeres.

Les marchandifes qui vont des Provinces réputées étrangeres à l'Etranger, y font tranfportées médiatement ou immédiatement.

Si elles y font tranfportées immédiatement, c'eft-à-dire, fans emprunter aucun paffage, elles ne payent que le droit du Tarif de la Province par laquelle elles fortent.

Si elles y font tranfportées médiatement, elles payent les droits de tous les

Tarifs ; c'eft-à-dire, ceux de la Province de l'enlévement, ceux de la Province par laquelle elles paffent, & ceux de la Province par laquelle elles fortent.

Il en eft de même des marchandifes qui viennent de l'Etranger dans les Provinces réputées étrangeres ; elles payent tous les droits des Tarifs d'entrée, de paffage & de deftination.

Il faut néanmoins faire une exception des marchandifes venant de l'Etranger dans les Provinces réputées étrangeres, ou que l'on tranfporte des Provinces réputées étrangeres à l'Etranger, & qui font impofées à des droits uniformes aux entrées & forties du Royaume. Ces marchandifes n'acquittent que les droits uniformes, qui les affranchiffent de tous droits jufqu'à leur premiere deftination ; car en général une nouvelle deftination les affujettit de nouveau aux droits ordinaires, parce qu'il n'eft pas poffible de reconnoître la premiere origine d'une marchandife, & que, quand elle a été domiciliée dans un endroit, elle en devient marchandise originaire.

Quant aux Provinces regardées comme Pays étranger, elles font en fort petit nombre, & ce font celles qui, le plus nouvellement réunies à la France, font reftées, à l'égard de leur commerce, dans la liberté dont elles jouiffoient, par des raifons fupérieures à toutes autres confidérations. Il y a pourtant des exceptions à faire à l'égard de plufieurs prohibitions & de plufieurs droits uniformes auxquels elles font affujetties par des loix exiftantes. Mais les prohibitions ne donnent aucun produit : un petit nombre de droits uniformes en fourniroit peu ; il faudroit des Bureaux confidérables pour l'exécution des prohibitions & pour la perception des droits fur ces frontières ; & le défaut d'établiffement de ces Bureaux leur donne une liberté entière & fouvent abufive.

Cette liberté & l'appas du gain les livrent entiérement au commerce de toutes les marchandises que le Gouvernement a prohibées, ou qu'il a, par des vûes sages, assujetties à l'entrée du Royaume, à des droits exclusifs, capables d'en arrêter l'introduction.

Comme ce commerce est sans crainte, il est sans réserve & sans bornes ; de sorte que ces Provinces sont devenues le dépôt ou le magasin de tout ce qu'il y a de plus funeste à notre industrie, & de plus préjudiciable à nos intérêts.

Le mal à cet égard est d'autant plus grand, que la facile correspondance & la communication perpétuelle & inévitable que le voisinage introduit entre ces Provinces & celles de l'intérieur, ainsi que les enclaves de ces Provinces les unes dans les autres, invitent sans cesse à la contrebande & à la fraude, enlévent à l'agriculture & dérobent à nos Fabriques cette multitude de citoyens, qui, séduits par l'appas du gain, & peut-être aussi par l'éloignement du travail, embrassent une occupation moins pénible & plus lucrative, à laquelle, malgré les dangers & les châtimens, ils ne tardent pas de s'habituer, & employent toutes leurs facultés pour détruire l'agriculture & les fabriques qu'ils ont abandonnées.

Faut-il s'étonner, après cela, si l'on ne voit point dans ces Provinces de Fabriques un peu intéressantes ? Le commerce de fraude & de contrebande qui les occupe, est un trop grand obstacle aux établissemens de cette espéce, dont elles seroient d'ailleurs fort susceptibles.

Indépendamment de ces Provinces entiérement libres, on connoît dans le Royaume, & l'on doit mettre dans la même classe, quelques Ports qui sont pareillement considérés comme Pays étrangers.

La franchise qui leur est accordée, a pour objet de les rendre l'entrepôt de toutes les marchandises étrangeres nécessaires, ou du moins fort utiles pour le Commerce étranger : elles y viennent

librement de l'Etranger ; & font librement tranfportées à l'Etranger, fans être
fujettes aux droits d'entrée & de fortie ;
mais en général toutes les marchandifes
qui viennent tant defdites Provinces regardées comme Pays étranger, que des
Ports francs, font, à quelques exceptions
près, traitées comme marchandifes étrangeres, foit qu'elles foient effectivement
de production ou fabrique étrangere,
foit qu'elles foient originaires & de fabriques defdites Provinces & defdits
Ports.

Comme il n'y a point de barrière entre ces Villes, ces Provinces & l'Etranger, ou du moins que celles qui s'y trouvent dans quelques endroits, font fort
imparfaites, il a paru, & il étoit effectivement indifpenfable d'en établir une
entr'elles & le Royaume. Les marchandifes qui en font apportées, payent donc,
à l'entrée, les droits du Tarif de la Province par laquelle elles entrent ; & dans
le cas où ces mêmes marchandifes ont

été impofées à des droits uniformes, elles les acquittent comme fi elles venoient effectivement de l'Etranger.

A la fortie, la régle eſt la même, parce que les vrais principes ne varient point, quoique les objets changent. Les marchandiſes qui vont du Royaume dans ces Provinces, font auffi en général, & fauf quelques légeres exceptions, affujetties, comme fi elles alloient à l'Etranger, tant aux droits des Tarifs particuliers, qu'aux droits uniformes établis par les Arrêts poftérieurs.

Il eſt temps d'expliquer ici ce que c'eſt que les droits uniformes, d'en établir les principes, & d'en indiquer les effets.

On entend par droits uniformes, ceux qui ont été généralement & uniformément établis à toutes les entrées & à toutes les forties du Royaume, fur différentes efpéces de marchandiſes, par différens Arrêts & Réglemens rendus depuis le Tarif de 1664; enforte que, par quelque Province du Royaume que ces fortes de marchandises puissent entrer & sortir du Royaume, elles payent le même droit qui est substitué aux différens droits des Tarifs particuliers.

Les principes qui ont déterminé la fixation de ces droits, sont les mêmes que ceux que l'on paroît suivre aujourd'hui dans l'opération du nouveau Tarif, l'intérêt du Commerce & le bien de l'Etat. Le premier exemple de ces droits uniformes se trouve dans le Tarif de 1667. Le Tarif de 1664 avoit été formé pour être général & uniforme ; & s'il eût été accepté par toutes les Provinces, il auroit rempli cet objet, sauf les corrections que l'expérience & des connoissances encore plus approfondies auroient successivement indiquées. Plusieurs Provinces ne jugerent pas à propos de s'y prêter, par beaucoup de raisons qu'il est inutile de rappeller. On ne crut pas devoir changer leurs usages & leurs Tarifs. Ce que l'Administration juge à propos

de faire pour le bien des citoyens ; ne
doit jamais être rendu défavorable par
des coups d'autorité : mais on ne jugea
pas non plus qu'on dût facrifier le bien
public aux caprices particuliers ; & fans
déroger en général ni au Tarif de 1664,
ni aux Tarifs particuliers qu'on laiffoit
fubfifter, on crut devoir impofer une
foixantaine d'efpéces de marchandifes
plus dangereufes que d'autres, à des
droits uniformes qui auroient lieu généralement à toutes les frontières extrêmes. Depuis ce temps, à mefure qu'on
s'eft apperçu qu'une marchandife étoit
plus ou moins préjudiciable aux productions de notre fol, aux progrès de notre
induftrie, ou au fuccès de nos manufactures, elle a été entiérement prohibée
ou chargée d'un droit plus ou moins
fort, en proportion du préjudice que
l'Etat pouvoit fouffrir de fon importation ; on en ufa de même pour l'exportation. Lorfqu'il a été queftion de conferver avec plus ou moins de foin quel-

ques denrées néceffaires à notre fubfif-
tance, ou quelques matières premières
effentielles à nos fabriques, on en a gêné
la fortie par une prohibition totale, ou
par un droit exclufif conforme à nos
befoins.

Dans un autre fens, mais toujours
dans les mêmes vûes, fi l'on a trouvé
que notre fol n'étoit point en état de
nous produire en quantité fuffifante quelques denrées néceffaires à notre fubfif-
tance, ou quelques matières premières
propres à nos fabriques & convenables
à notre induftrie, on leur a facilité l'entrée du Royaume par une exemption,
ou par une modération plus ou moins
favorable de droits d'entrée. Les mêmes
principes ont été fuivis par rapport à
l'exportation, lorfque notre fol nous a
produit des denrées furabondantes, ou
que nos fabriques fe font montées, per-
fectionnées & multipliées au point de
nous faire defirer de nous débarraffer en
ce genre de notre fuperflu ; on a mis en

uſage l'exemption entière, ou du moins la modération des droits, pour en favoriſer plus ou moins le tranſport à l'Etranger. Depuis 1667, ces Réglemens ſe ſont acccumulés; leur collection a formé même un Tarif qui a été adopté par la Franche-Comté; & pour en faire un complet, il ne s'agit que d'y ajouter les objets qui, n'y étant pas compris, ſont encore aſſujettis à la multiplicité & aux variations des anciens Tarifs, & d'en déterminer les proportions qui ſe calculent bien mieux & bien plus ſûrement dans un corps général, que ſur des objets ſéparés.

Quant aux effets que les droits uniformes ont produits, ils ſont, à beaucoup d'égards, l'éloge de leur établiſſement: notre culture, notre induſtrie & nos fabriques ont proſpéré; & leur ſuccès eût été complet, ſi cette eſpéce de Tarif qui étoit général & uniforme, eût été unique.

Il paroît l'être, & l'eſt en effet pour

la première deſtination, puiſque la marchandiſe aſſujettie à un droit uniforme
ne paye effectivement que ce droit : mais
cette deſtination une fois remplie, cette
même marchandiſe devient patrimonia-
le de la Province dans laquelle elle s'eſt
arrêtée, & ſuit le ſort de celles qui en
ſont originaires, ou qui y ont été fabriquées ; enſorte que ſi, par une ſeconde
deſtination, ou par un ſecond commerce, elle change de Province, elle eſt ſu-
jette à tous les droits d'enlévement, de
paſſage & de deſtination ; & cette charge
inévitable tant que la multitude & la
variété des Tarifs de l'intérieur ſubſiſte-
ront, replonge le Commerce dans les
mêmes inconvéniens, quand la marchandiſe ne ſe conſomme pas dans le lieu de
ſa première deſtination : inconvéniens
funeſtes qui gênent les ſpéculations, ar-
rêtent la circulation, réduiſent les aſſor-
timens à la ſimple conſommation locale
de chaque endroit, & rend toutes les
différentes Provinces étrangeres les unes
aux autres.

En effet , malgré la loi commune &
générale dont nous venons de parler,
ces mêmes Provinces ont entr'elles un
grand nombre de loix particulières, qu'il
feroit bien effentiel de fimplifier.

Une marchandife ne fauroit , pour
ainfi dire , faire un pas, qu'elle ne rencontre dans fon chemin une barrière à
laquelle il faut s'arrêter , faire des déclarations , fubir des vifites , enfin fe
foumettre à des formalités néceffaires,
à la vérité , pour empêcher la fraude,
qui n'eft encore que trop fréquente, mais
plus à charge & plus embarraffante que
les droits même dont elles affurent la
perception.

Le mal eft très-ancien : les Tarifs qui
y ont donné lieu fubfiftent depuis long-
temps dans les Provinces réputées étrangeres ; & l'on ne devoit rien efpérer de
mieux des principes fur lefquels ils étoient
établis ; leur objet étoit purement bur-
fal. Ce n'eft guère que lors du miniftère
de M. Colbert , que l'on a commencé à
confulter

conſulter dans ces ſortes d'établiſſemens, les ſages maximes d'une politique éclairée. Dans ces Tarifs, au contraire, la marchandiſe eſt impoſée au taux général du Tarif, ſans diſtinction de la faveur qu'elle pouvoit mériter, & ſans égard au plus ou moins de rigueur dont elle étoit ſuſceptible.

A des défauts auſſi conſidérables, il faut ajouter que pluſieurs de ces Tarifs ſont informes ; que pluſieurs même ne ſont fondés que ſur des uſages arbitraires & ſur des traditions incertaines ; que ces uſages & ces traditions varient, ſuivant les différens Bureaux où ces Tarifs ont leur exécution. Ces défectuoſités & ces vices proviennent, 1°. de ce que pluſieurs de ces Tarifs ſont fort difficiles à entendre ; 2°. de ce que, depuis leur formation, nombre de marchandiſes ont changé de dénomination ; 3°. de ce que l'uſage de quelques-unes s'eſt perdu ; 4°. de ce que l'expérience & les progrès de notre induſtrie en ont fait naître plu-

F

fieurs autres ; 5°. enfin de ce que ces Tarifs n'ayant impofé à un droit fixe qu'un affez petit nombre de marchandifes, & celles qui font omifes devant payer à raifon de leur valeur en proportion du taux commun de chacun de ces Tarifs, il eft arrivé que les différens Commis par les mains defquels ces marchandifes ont paffé, leur ont donné fucceffivement plus ou moins de valeur, fuivant les différentes idées qu'ils s'en formoient ; & pour éviter de recommencer le même calcul toutes les fois que la marchandife pourroit fe préfenter, ils l'ont anciennement tarifée, à mefure qu'elle a paffé par leurs Bureaux ; enforte que la même marchandife qui fe préfente dans quatre Bureaux différens où le même Tarif a lieu, paye dans chacun de ces Bureaux un droit plus ou moins fort, fuivant qu'elle a été anciennement plus ou moins appréciée par le Commis de concert avec le Marchand.

De tous les Tarifs celui qui paroît

avoir été fait avec le plus de foin, d'intelligence, & de la maniere la plus détaillée & la plus conforme aux véritables intérêts du Commerce, c'eft fans contredit le Tarif de 1664 : encore ne peut-on pas fe diffimuler qu'il laiffe beaucoup à defirer fur les différens degrés de rigueurs ou de graces, relatifs au plus ou moins de néceffité, d'utilité, de commodité de chaque efpéce de marchandifes. Un principe général paroît d'abord les avoir embraffé toutes; & ce Tarif ne renferme pas affez de claffes différentes, pour fatisfaire aux différentes confidérations.

En effet, le taux général de ce Tarif paroît être de cinq pour cent : les marchandifes omifes y font indiftinctement impofées à la fortie ; le même droit eft impofé à l'entrée ; on en excepte, il eft vrai, les marchandifes de foye, d'or & d'argent, de poil, de fil, de laine, & d'autres femblables fortes manufacturées dans les Pays étrangers, à l'égard defquels on ordonne qu'elles acquitteront les droits à raifon de dix pour cent de leur valeur.

Mais enfin l'on ne voit dans ce Tarif à la fortie qu'un feul & même droit à cinq pour cent fur toutes les marchan-difes indiftinctement, & que deux taux, l'un de cinq & l'autre de dix pour cent à l'entrée ; d'où l'on peut inférer que l'on n'a pas obfervé dans la confection du Tarif de 1664 toutes les gradations dont les marchandifes étoient fufceptibles, tant par leur nature & leur efpéce, que par leur origine & leur deftination.

On fe confirme encore plus dans cette idée, quand on voit M. Colbert lui-même dans le Tarif de 1667, traiter différem-ment foixante articles de marchandifes, en les impofant à des droits plus forts que ceux du Tarif de 1664, & en ren-dant ceux du Tarif de 1667 uniformes pour toutes les entrées & forties du Royaume. Cette réforme prouvoit-elle que M. Colbert eût été obligé de reve-

[85]

uir sur ses pas, ou seulement, n'ayant
pas pû voir accepter le Tarif de 1664
par toutes les Provinces, n'a-t-il pas
jugé plus convenable & plus sûr de n'exécuter que par partie détachée le plan
général qu'il avoit conçu? Il n'est pas
étonnant qu'il n'ait pas d'abord tout apperçu, puisqu'il est de la foiblesse hu-
maine de n'arriver à la perfection que
lentement & par degrés : peut-être aussi
avec plus de justice pourroit-on conclure de tous les Réglemens successive-
vement faits par ce Ministre, que, content d'avoir formé un plan général, &
de ne jamais le perdre de vûe, il s'étoit
déterminé à ne l'exécuter qu'à mesure
que les circonstances l'exigeroient ou
pourroient le lui permettre, sauf dans la
suite à rassembler tous ces Réglemens
différens, pour n'en former qu'un seul
corps de Tarif général, unique & uniforme : enforte qu'il y a tout lieu de pré-
fumer que, si le Ciel eût accordé à ce
Ministre des jours assez longs pour rem-

plir ſes vûes, il ſeroit enfin parvenu à confommer l'importante opération dont il avoit commencé à poſer les fonde-mens, & dont on paroît s'occuper au-jourd'hui.

On ſe reprocheroit d'en dire davan-tage, pour prouver que l'état actuel des Tarifs en France eſt abſolument con-traire aux principes généraux établis ſur cette matière, tant par leur multiplicité que par leur variété & même leurs con-trariétés; que les vices dont ces Tarifs font infectés, ne font pas ſuſceptibles de réformations, & qu'une refonte gé-nérale de tous ces Tarifs en un ſeul, eſt l'unique moyen d'opérer le bien du Com-merce & de l'Etat.

CHAPITRE IV.

Concernant l'examen du nouveau Projet du Tarif général.

NOUS venons de voir dans le Chapitre précédent, tous les inconvéniens résultans de l'état actuel des Tarifs en France. Quel reméde opposer à cette multitude de Tarifs, à cette immensité de Loix particulières, à cette foule de Réglemens sur la perception, aux contrariétés qu'ils renferment, aux variétés sans nombre qu'ils occasionnent, aux entraves & aux charges qui résultent pour le Commerce d'une administration aussi onéreuse par les droits, que par les formalités ; à cette maladie enfin générale & dangereuse, qui intercepte la circulation, & qui forme à chaque instant de nouveaux engorgemens dans les canaux de l'exportation & de l'importation? Ce reméde ne peut fe trouver que dans un bon Tarif; &, pour y parvenir, il ne s'agit peut-être que de perfection- ner un ouvrage déja commencé, par la collection des Arrêts & Réglemens fuc- ceffivement rendus depuis le Tarif de 1664; & il doit en réfulter un Tarif fim- ple, unique, uniforme pour toutes les Provinces du Royaume : Tarif qui éclaire le Commerçant fur les droits auxquels il eft affujetti, les Commis fur ce qu'ils ont à percevoir, le Fermier fur l'admi- niftration qui lui eft confiée; Tarif qui faffe difparoître de la circulation inté- rieure les entraves qui l'embarraffent; Tarif dans lequel chaque marchandife foit énoncée, examinée, impofée à la frontière extrême, relativement aux pro- ductions du fol & de l'induftrie; Tarif enfin qui foit formé par les mains mêmes du Commerce, & qui mérite à tous égards la reconnoiffance de toute la Nation.

On croit voir tous ces caractères rafſemblés dans le nouveau projet qu'on propoſe : on en a démontré la néceſſité, en découvrant tous les vices de l'état actuel ; l'utilité n'en paroîtra pas moins évidente, ſi l'on veut l'examiner en lui-même, & relativement aux principes généraux que nous avons établis.

On a vu, dans le commencement de ce Mémoire, que les impoſitions les plus juſtes dans leurs principes, & les plus douces dans leurs effets, ſont inconteſtablement celles dans leſquelles les proportions ſe trouvent le mieux établies.

Que celles qui portent ſur ce que le Commerce fournit à la conſommation, ſont les plus juſtes, parce que la proportion s'établit d'elle-même par le plus ou le moins de commerce & de conſommation.

Que ces charges ſont auſſi les plus douces & les plus faciles à ſupporter, parce que ces droits ſe trouvant confondus dans le prix de la choſe même, ne

doivent jamais gêner les facultés du con-
sommateur.

Mais cette proportion dans la répar-
tition, & cette facilité dans le recou-
vrement disparoissent, si le tarif, qui
n'est qu'une mesure indicative de ce que
l'on doit payer sur chaque objet, n'est
pas établi sur une base, & rédigé sur des
principes qui ne laissent rien à l'arbitraire
ennemi de toute justice & de toute prospérité.

Le seul moyen de s'en garantir dans
un Tarif, c'est de le former sur une régle
connue de tout le monde, & commune
à tous : la valeur de la marchandise est
la base la plus naturelle, la plus sûre &
la plus juste qu'on puisse choisir. Les
droits sur la marchandise que le Commerce fournit à la consommation, étant
destinés à faire partie de la marchandise,
& à se confondre avec elle, rien n'est
plus simple & plus naturel que de prendre pour base générale d'un Tarif des
Traites, la valeur même de la marchan-

dife qu'on veut impofer; & c'eft à ces principes qu'on paroît s'être conformé dans le projet du nouveau Tarif communiqué en détail à toutes les Chambres du Commerce.

Il eft aifé de voir, par l'examen de cet Ouvrage, qu'on a dreffé des états exacts des marchandifes connues; qu'on a tâché de n'en point omettre, & de traiter de la même façon celles qui fe trouvoient dans le même cas, foit pour le genre, foit pour l'efpéce.

Comme tous les objets de commerce font plus ou moins intéreffans, relativement aux productions du fol & de l'induftrie, on a fenti la néceffité de les traiter différemment, foit à l'exportatation, foit à l'importation; & c'eft fans doute dans cette vûe, qu'on a établi les différentes claffes de droits, à raifon de 20, de 15, de 10, de $7\frac{1}{2}$, de 5, de 3 & d'un pour cent de la valeur de la marchandife.

On a cherché à prouver la juftice de

Ces différens taux d'impofitions ; par l'application qu'on en a faite aux différentes claffes de marchandifes, fuivant les différentes confidérations qu'elles méritent.

Ces confidérations quant à l'importation, doivent avoir pour objet le plus ou le moins de préjudice que les marchandifes étrangeres peuvent faire au produit de notre agriculture & de notre induftrie, ou le befoin que nous en avons, & l'utilité qu'elles peuvent procurer à la Nation.

Ces mêmes confidérations quant à l'exportation, préfentent pour régle de proportion, ce qui peut favorifer le plus les productions de notre fol, les ouvrages de nos fabriques, & généralement tout le fuperflu de notre confommation.

C'eft relativement à ces trois objets importans, qu'il convient de confulter l'intérêt plus ou moins grand que nous pouvons avoir de gêner ou de faciliter, de favorifer ou d'empêcher la fortie des denrées, des matières premières, ou des marchandifes fabriquées.

C'eft fur ces principes que les différentes claffes du nouveau Tarif paroiffent avoir été déterminées, tant à l'importation qu'à l'exportation, & que la même marchandife fe trouve différemment impofée dans ces deux cas, fuivant l'intérêt qu'on a de l'attirer ou de l'écarter.

Le taux le plus fort qui forme la première claffe, eft porté à 20 pour cent, & doit être regardé comme prohibitif: il n'eft établi à l'importation, que pour empêcher l'introduction des marchandifes abfolument nuifibles à nos fabriques & à nos manufactures, telles, par exemple, que les étoffes de foye, de laine & autres marchandifes de même efpéce. Nous en avons fuffifamment en France pour nous paffer de celles de l'Etranger, qui n'entreroient dans notre confommation qu'au préjudice des manufactures nationales.

La même claſſe à l'exportation change d'objet, ſans changer d'eſprit & de vûes ; & tous les articles qu'elle contient, n'y ſont compris que pour nous conſerver les matières néceſſaires à l'aliment de nos manufactures.

La ſeconde claſſe eſt de 15 pour cent : ce taux eſt voiſin du droit prohibitif, parce que les marchandiſes ſur leſquelles il porte à l'importation ſeulement, intéreſſent des fabriques moins eſſentielles, telles que les papiers, les fils, l'étain battu, les chandelles de ſuif, le blanc de baleine, les baleines coupées, &c. & cette claſſe n'eſt peut-être pas bien néceſſaire.

La troiſiéme claſſe eſt de 10 pour cent : c'eſt un droit dont l'objet à l'importation eſt de procurer la préférence dans la conſommation intérieure, à quantité de marchandiſes qui ſe fabriquent dans le Royaume plus chèrement que chez l'Etranger, telles que les merceries, les quincailleries, &c. & de gêner à l'exportation celles que nous n'avons pas en affez grande quantité pour ne pas les conferver avec foin , telles que les bois, les cuirs & peaux crûs & non apprêtés, &c.

La quatriéme claffe eft de $7\frac{1}{2}$ pour cent : elle concerne principalement les drogueries & les épiceries à l'importation ; & fi ce droit paroît un peu fort, les raifons en font fort naturelles. Notre fol n'en produit point ; elles ne font ni de première ni de feconde néceffité : la confommation des drogueries fe fait par très - petites parties ; il en eft de même des épiceries ; & ce font les gens riches qui en font l'ufage le plus confidérable. C'eft vraifemblablement par ces raifons , que dans tous les temps les épiceries & drogueries ont été chargées en proportion de droits plus forts que les autres marchandifes : mais on peut obferver avec plaifir dans le nouveau Tarif, que toutes les drogueries qui font ou peuvent être de quelque utilité dans nos fabriques, ne font point comprifes dans cette quatriéme claffe, & font traitées plus ou moins favorablement, à proportion qu'elles font plus ou moins utiles ou néceffaires.

La cinquiéme claffe ne regarde que les marchandifes dont l'importation ou l'exportation font abfolument indifférentes : le droit n'en a été fixé qu'à cinq pour cent; c'eft le taux du Tarif de 1664 ; & c'eft auffi le prix ordinaire dans ceux des autres Tarifs qui font établis fur la valeur de la marchandife.

La fixiéme claffe eft de 3 pour cent : elle comprend à l'importation les marchandifes qui font utiles ou de feconde néceffité à notre confommation & à nos fabriques , & dont il convient par conféquent de ne pas gêner l'introduction. Ce même droit à l'exportation porte fur les productions de notre fol que nous avons en abondance , fur les marchandifes qui ont été fabriquées en France, mais qui n'ont point encore reçu toutes les mains

mains d'œuvres dont elles font fufceptibles, & encore fur les marchandifes dont
la fabrique nous intéreffe moins, ou fur
lefquelles nous avons une préférence
mieux établie.

Comme la première claffe eft la plus
rigoureufe, la feptiéme & dernière préfente la plus grande faveur, le droit en
eft fixé à un pour cent ; & c'eft la claffe
la plus étendue : elle a pour objet à l'importation, de faciliter au Royaume l'ac-
quifition de toutes les matières premières qui ne fe trouvent point en France
en affez grande quantité pour alimenter
nos fabriques ; & dans le nombre de ces
matières premières on a compris les bois
& les drogues fervant à la teinture &
aux manufactures.

Elle comprend à l'exportation les
étoffes que nous fabriquons de toutes
efpéces & qualités, les rubans, les ga-
lons, en un mot tous les ouvrages des
fabriques qui peuvent nous intéreffer.

On y a joint toutes les drogueries

venant de l'Etranger, qui font cenfées avoir déja payé des droits lors de l'in-troduction.

C'eſt dans des vûes auſſi ſages & auſſi réfléchies, que le nouveau Tarif paroît avoir été travaillé. Ecartons pour un moment les préjugés d'uſage ou d'habitude, & l'on conviendra aiſément qu'un pareil ouvrage doit être d'une utilité univerſelle, même pour établir cette forme d'adminiſtration dans un pays qui n'en connoîtroit point. Combien, à plus forte raiſon, doit-on adopter une opération ſi utile au commerce, qui n'a pour but que ſon bien-être & ſon agrandiſſement dans un pays où l'état actuel lui eſt auſſi contraire que ce nouveau projet lui eſt favorable ?

Pour rendre l'ouvrage complet, & lever toutes les difficultés de la perception, il ne reſteroit plus qu'à conſtater la valeur de la marchandiſe, par des évaluations fixes pendant les ſix années de la durée d'un bail, mais qui, ſans changer le taux de l'impofition , pourroient augmenter ou diminuer à chaque renouvellement , fuivant les variations qui arrivent fouvent dans le commerce.

On ne peut pas douter que cette idée n'entre dans le projet du nouveau Tarif, puifque les Chambres de Commerce ont été confultées pour former ces évaluations ; & c'étoit la route la plus fûre qu'on pût fuivre pour parvenir à des évaluations juftes , & pour prouver en même temps que l'intérêt du commrece eft le principal objet du nouveau Tarif.

Nous avons vu , dans la difcuffion du fecond Chapitre , que la bijouterie, l'orfévrerie , les ouvrages de mode & plufieurs autres objets n'étoient pas fufceptibles d'une évaluation commune, déterminée par un Tarif; & nous avons penfé que la liberté accordée au Fermier de retenir la marchandife fur le pied de l'évaluation faite par le propriétaire, en lui rembourfant le prix de cette évaluation & un dixiéme en fus , étoit le feul

moyen qu'on pût employer pour rappro-
cher ces évaluations, autant qu'il seroit
poffible, de la valeur réelle de fa marchandife : il y a apparence qu'on s'en
tient à cet ufage, puifqu'on ne propofe
rien de nouveau à cet égard.

Il n'en eft pas de même des marchandifes fufceptibles d'évaluation au poids,
au nombre, ou à la mefure. La fixation
de cette évaluation eft dans l'idée du
projet, & nous pouvons dire auffi dans
l'intérêt du commerce. C'eft cependant
lui feul qui peut y mettre obftacle, par
la diverfité des avis des Chambres de
Commerce fur les évaluations des mêmes efpéces de marchandifes, ou par des
évaluations faites au rabais, qui s'éloi-
gnent trop de la valeur réelle de la marchandife.

C'eft au Commerce à éviter ces inconvéniens : l'autorité doit être trop fage
pour adopter des évaluations trop baffes,
ou pour en former par elle-même fans
le concours du Commerce ; & le feul

moyen de remédier au défaut d'évaluation fixée par le Tarif, eſt d'ajoûter à
l'option dont nous venons de parler en
faveur du Fermier, la liberté de percevoir ſon droit en nature ſur les objets
qui en ſeront ſuſceptibles.

Quoique cette diſpoſition ne ſoit point
énoncée dans le projet du nouveau Tarif, elle paroît ſi conforme à ſon eſprit,
qu'on ne doute pas qu'elle ne fût accep-
tée, s'il en étoit beſoin.

Après cette ſimple expoſition du projet, examinons s'il ſe trouvera conforme aux qualités qu'un Tarif doit avoir
pour être véritablement utile. En détaillant ces qualités dans le ſecond Chapitre,
nous avons dit qu'un Tarif devoit être
ſimple, unique, proportionnel, uniforme & général pour toute la Nation : ces
qualités ſont d'autant plus eſſentielles,
que ce ſont auſſi celles qui caractériſent
toute bonne adminiſtration. Le nouveau
Tarif eſt ſimple, puiſque rien ne rappro-
che plus de la ſimplicité, & n'eſt plus

capable de procurer au commerce, de la douceur & de la tranquillité, qu'un Tarif qui porte sur un pied connu de tout le monde, qui annonce sur chaque marchandise le taux de l'imposition, à raison de tant pour cent de sa valeur, qui fixe même, autant qu'il sera possible, cette valeur par des évaluations publiques & déterminées, ou qui s'oppose aux abus des Déclarations par les moyens les plus simples ; Tarif que l'on substitue à tant d'autres qui sont aujourd'hui si différens entr'eux tant pour la quotité du droit, que pour la forme de la perception ; & cette différence ne se rencontre pas seulement dans les différens Tarifs qui varient d'une Province à l'autre, mais se trouve encore d'une façon plus singuliere dans le Tarif d'une même Province.

Le nouveau Tarif est unique, c'est-à-dire qu'il renferme les seuls droits de Traites, qui ne seront exigibles qu'à toutes les entrées & sorties du Royaume. Ceux qui dans l'intérieur chargent aujourd'hui le commerce, inquiétent les Commerçans, interceptent la circulation, disparoîtront avec cette multitude de Tarifs, dont la multiplicité, la diversité & même la contrariété effrayent autant ceux qui doivent payer, qu'elles embarraffent ceux qui font chargés de recevoir; & comme les formalités font indifpenfables pour affurer la perception des droits, & qu'elles multiplient néceffairement les embarras, les retardemens & les frais, c'eft un avantage ineftimable pour le commerce, que de s'en trouver liberé par la fuppreffion des Tarifs qui y donnoient lieu.

Le nouveau Tarif eft proportionnel, non-feulement d'une proportion arithmétique, puifqu'il a pour bafe la valeur des marchandifes, mais encore d'une proportion politique, fi j'ofe me fervir de ce terme; & l'on s'en convaincra facilement, lorfque l'on prendra la peine de comparer avec attention, 1°. les différentes claffes entr'elles; 2°. dans

G iiij

chaque claſſe le Tarif d'importation &
le Tarif d'exportation ; 3°. relativement
à l'importation ou à l'exportation, les
différentes marchandiſes qu'on y a tarif-
fées ; 4°. par rapport à chaque eſpéce
de marchandiſes en particulier, les con-
ſidérations qui leur ont fait aſſigner une
place dans telle ou telle claſſe.

Il faut néanmoins convenir que tous
ces avantages ne feroient pas diſparoître
tous les inconvéniens, ſi la loi n'étoit pas
la même pour toutes les Provinces du
Royaume.

L'uniformité ſeule peut aſſurer la juſtice & la tranquillité. Une Province mé-
nagée feroit la route unique de la marchandiſe favoriſée ; & c'eſt pour cela que
le Tarif eſt uniforme pour toute la Nation. C'eſt à quoi M. Colbert lui-même
ayant trouvé des obſtacles lors du Tarif
de 1664, vouloit amener inſenſiblement,
par le Tarif de 1667, & par les Réglemens de droits uniformes intervenus depuis. Quelques priviléges particuliers

pour les Ports francs, que l'on jugeroit à propos de conserver, ne détruiroient point le caractère essentiel d'uniformité, qui consiste moins à faire payer par-tout le droit, qu'à l'exiger par-tout où on le paye dans le même esprit, sur le même pied, sur les mêmes objets & dans la même forme.

Enfin le nouveau Tarif est général, c'est-à-dire qu'il doit avoir lieu dans tout le Royaume, sauf quelques exceptions pour les Villes franches; exceptions qui, dans le fonds, ne dérangent rien aux principes de l'universalité.

Un Tarif est uniforme sans être général, lorsque, sans avoir lieu par-tout, il a seulement l'avantage d'être le même pour tous les endroits dans lesquels il a lieu. Il devient général non-seulement lorsqu'il est établi pour toute une domination, mais encore lorsqu'il ne reçoit dans aucun endroit aucunes variations, ni aucunes interprétations, & qu'il supprime l'inconvénient de rencontrer à chaque pas de nouveaux droits, de nouvelles formalités, de nouvelles régles, &c par conséquent de nouveaux sujets de contestation.

Avec toutes ces qualités réunies, il n'eſt pas difficile de ſe convaincre que le nouveau Tarif n'eſt point une loi burſale, mais un réglement avantageux pour le Commerce & formé de concert avec lui.

Nous venons de dire que ce Tarif, quoique général, ſouffriroit quelques exceptions ; & nous avions prévu dans le ſecond Chapitre, les cauſes de ces exceptions. La néceſſité de conſerver le bénéfice du commerce de l'Etranger à l'Etranger, par entrepôts dans le Royaume, exige l'établiſſement des entrepôts généraux ou des ports francs : ils ont même exiſté enſemble ; mais depuis que les entrepôts généraux ont été détruits, les Villes & les Ports francs, tels que Straſbourg, Dunkerque, Bayonne & Marſeille, ont joui des différens degrés de franchiſe qui leur ont été conſervés, encore moins en vertu des priviléges qui leur avoient été accordés ou conſervés; qu'en conſéquence des raiſons du bien général de l'Etat : motif bien légitime de la conceſſion ou de la conſervation de ces priviléges, qui ne ſont rien moins qu'exorbitans.

Ces Villes franches auroient raiſon de ſe plaindre, ſi le nouveau Tarif donnoit atteinte à leur franchiſe : mais il eſt trop travaillé dans l'intérêt du commerce, pour ne pas la reſpecter. Ces quatre Villes ſituées préciſément aux quatre coins du Royaume, & dans les lieux qui répondent aux principales branches de notre commerce & de notre navigation, paroiſſent devoir être maintenues dans leur franchiſe, pour continuer à être le magaſin général de toutes ſortes de marchandiſes, & procurer à tous les Négocians du Royaume la facilité de faire le commerce de l'Etranger à l'Etranger dans des lieux neutres, pour ainſi dire, où la marchandiſe étrangere n'a pas pû ſe naturaliſer Françoiſe, au moyen de la barrière qui doit les ſéparer du Royaume, & qui, ſans gêner leur liberté, les empêche au moins d'en abuſer.

Mais cette barrière paroît néceſſaire: il paroît juſte & preſqu'indiſpenſable que les marchandiſes tranſportées de ces Villes dans l'enceinte du nouveau Tarif, ou qui ſortiront de cette enceinte pour être tranſportées dans ces Villes, acquittent les droits du nouveau Tarif, comme celles qui paſſent à l'Etranger, ou qui en viennent.

Il n'eſt pas difficile de prévoir que ces Villes ſe plaindront de la rigueur apparente de ce traitement: elles repréſenteront qu'habitées par les Sujets du même Souverain, elles doivent, pour l'acquiſition de leurs beſoins & le débouché de leurs fabriques, être admiſes à jouir de l'avantage d'une libre circulation avec les autres Provinces du Royaume.

Mais on ne ſauroit jouir en même temps d'une communication également

libre avec le Royaume & avec l'Etranger : il eſt aiſé de concevoir quels en
feroient les inconvéniens, tant à l'entrée
qu'à la ſortie. A la faveur de certificats
qu'on ſe procure ſouvent ſans beaucoup
de peine, on introduiroit comme originaires dans l'enceinte du Tarif, des marchandiſes étrangeres en fraude des droits
établis en faveur de nos manufactures &
de nos fabriques : on feroit ſortir de l'intérieur, des matières premières que le
droit du Tarif y retient ; quand elles ſeroient arrivées dans un lieu de franchiſe, rien ne pourroit plus en empêcher
le tranſport à l'Etranger, & les vûes les
plus utiles du Tarif feroient éludées.

L'état de ces Villes eſt d'être commerçantes, & non pas fabriquantes : ſi
quelques-unes d'entr'elles ont des fabriques, leur communication libre & franche avec l'Etranger leur en offre le débouché ; elles peuvent ſe procurer les
matières premières par la même voie ;
& cette liberté eſt incompatible avec la

libre & franche communication avec le reste du Royaume, qui leur est fermée par la barrière du Tarif. Tel est le droit étroit & la seule façon de rendre une justice & d'accorder une protection égales à tous les Sujets du même Souverain. Nous avons cependant prévu dans notre second Chapitre, un moyen de conciliation d'autant plus doux, qu'il ne touche point à la liberté de ces Villes qui en font l'usage le plus complet, en choisissant le sort qui leur paroîtra le plus avantageux.

Pour développer encore mieux cette idée, prenons Marseille pour exemple. Cette Ville a des fabriques d'étoffes de soye, de chapeaux, de savon & des rafineries de sucre. Veut-elle faire entrer dans le Royaume en exemption de droits les ouvrages de ces fabriques, il n'y a qu'à assujettir à l'entrée de ces Villes les ouvrages de pareille espéce de fabrique étrangere, & les matières premières qui les composent, aux droits établis par le

[111]
Tarif à la frontière extrême, & de même leur permettre de tirer librement & en franchife de l'intérieur, les foyes, les poils, les lins, les chanvres, les huiles, & généralement tous les objets qu'ils demanderont, pourvû que ces mêmes objets foient affujettis aux droits de fortie du Tarif, en paffant de cette Ville à l'Etranger. En un mot, tout ce qui feroit libre en venant de l'Etranger à Marfeille, ou en fortant de Marfeille à l'Etranger, acquitteroit les droits d'entrée & de fortie dans la communication de Marfeille avec le Royaume, aux Bureaux de l'enceinte du Tarif; &, par le même principe, tout ce qui feroit libre dans la communication de Marfeille avec le Royaume, acquitteroit les droits de Traites dans la communication de Marfeille avec l'Etranger. C'eft peut-être le feul moyen de conferver à ces Villes l'ufage entier de leur liberté, fans bleffer ni compromettre les intérêts du Commerce & de l'Etat.

Marſeille n'eſt ici préſenté que pour exemple; & les mêmes principes décident le même ſort pour Dunkerque, Bayonne & Straſbourg : elles ne peuvent jamais s'en plaindre, puiſque c'eſt à elles à le déterminer.

Inutilement voudroient-elles oppoſer l'intérêt de leurs fabriques. En effet, ou les fabriques établies dans ces Villes formeront un objet important & conſidérable, ou le produit de leurs ouvrages ſera médiocre : dans ce dernier cas, ce ne ſeroit qu'un vain prétexte & un maſque pour introduire dans le Royaume les marchandiſes étrangeres en exemption de droits au préjudice de l'Etat; & c'eſt l'abus le plus dangereux auquel on a voulu s'oppoſer par le Tarif.

Dans le premier cas, leurs manufactures ont les mêmes beſoins que les manufactures du Royaume, ſoit pour gêner l'introduction des marchandiſes étrangeres, ſoit pour la conſervation des matières premières nationales.

Enfin,

Enfin, si cette idée est adoptée ; ce n'est point une loi qu'on impose aux Villes franches, c'est un arrangement qu'on leur permet de faire elles-mêmes pour leur plus grand bien : maîtresses de choisir la régle qu'elles se proposeront de suivre, il n'est pas juste que le reste du Royaume soit sacrifié à leurs intérêts personnels, ou à leurs caprices ; & si elles optent pour conserver leur liberté avec l'Etranger dans toute l'étendue qu'elles en jouissent, il paroît indispensable que ce qu'elles voudront introduire dans l'intérieur, ou ce qu'elles voudront en tirer, soit traité comme s'il venoit effectivement de l'Etranger, ou qu'il y fût transporté.

Nous ne parlerons ici des transits, que pour ne rien oublier d'essentiel : le nouveau Tarif n'y déroge point ; & les faveurs que le Gouvernement a répandues sur le Commerce depuis vingt ans, lui font un sûr garant qu'on étendra sa liberté, plutôt que de la restreindre. C'est à lui-même à connoître ſes véritables intérêts, à contenir ceux qu'une avidité condamnable conduit ſouvent par des voies blâmables à une fortune précipitée, à les chaſſer des bourſes comme des faillis, & à les retrancher d'un Corps dont la candeur & la bonne foi font tout le luſtre, & qui ne doit faire ſon bien particulier, qu'en travaillant utilement au bien général du Commerce & de l'Etat.

Il eſt inutile d'en dire davantage ſur le nouveau projet de Tarif. Il eſt utile, s'il eſt bien fait; il paroît raſſembler toutes les qualités néceſſaires pour produire tout l'avantage qu'on en peut eſpérer; il remédie, autant qu'il eſt poſſible, aux inconvéniens accumulés de l'Etat actuel: toutes ces diſpoſitions ſont pour le plus grand bien du Commerce, & concertées avec lui.

Il ne ſeroit pas juſte qu'une opération ſi intéreſſante pour le Commerce ne fût pas diſcutée avec ceux qui, par état, en connoiſſent les détails, & doivent en

puler les intérêts : mais en fuppofant
tous les éclairciffemens néceffaires fuffifamment pris, tous les avis recueillis &
conciliés, toute idée de burfalité eft certainement bannie ; & il ne feroit ni jufte
ni raifonnable que des intérêts perfonnels ou des préjugés particuliers empê-
chaffent de recueillir le fruit d'une opération faite pour devenir utile à toute
la Nation.

CHAPITRE V.

*Des obſtacles qui peuvent s'oppoſer à l'exécu-
tion du Tarif, & des moyens de les lever.*

Si ce que nous avons dit jufqu'à-pré-
fent, eft prouvé, fi l'utilité des Tarifs
en général a été encore plus démontrée
par les principes qui ont établi avec quelque détail les qualités effentiellement néceffaires à un Tarif pour produire tous
les avantages qu'on en doit attendre, fi

l'on a bien vérifié que le projet du nouveau Tarif eſt auſſi conforme à ces principes, que l'état actuel des Tarifs en
France en eſt éloigné, on ne devroit
pas rencontrer de grandes difficultés
dans l'exécution : mais il en eſt d'inévitables, le préjugé & l'intérêt particulier; & il peut s'en préſenter de plus
reſpectables dans des circonſtances locales. C'eſt ce qu'il s'agit d'examiner ; &
pour cet effet nous puiſerons les objections dans les ouvrages publics qui ont
juſqu'à - préſent contredit le nouveau
Tarif.

La première qualité de ce Tarif, eſt
d'être unique & uniforme ; & cette qualité eſſentielle eſt peut-être ce qui ré-
volte le plus le préjugé, qui ne manque
jamais de s'étayer de priviléges bien ou
mal entendus. Cette raiſon eſt d'autant
plus ſûre d'être accueillie, qu'un privilége attaqué trouve des défenſeurs dans
tous ceux qui ont des priviléges à conſerver, & qu'on croit facilement celui

qui fe plaint en pareil cas. Cet inconvénient fe trouve rarement dans de petits
Etats ; mais dans des Royaumes qui fe
font fucceffivement augmentés par des
conquêtes, des traités ou des capitulations, il fubfifte néceffairement des priviléges & des ufages que la juftice & la
bonne foi du Souverain doivent conferver pour le plus grand bien de fes nouveaux Sujets, quand même ils établi-
roient des préférences en leur faveur fur
certains objets. Les priviléges des pays
d'Etats, ceux mêmes accordés aux Gou-
vernemens municipaux de certaines Villes, font certainement dans ce cas. Il
peut en être de même de la nature des
impofitions, foit pour leur qualité, foit
pour leur quotité. Plufieurs Provinces
peuvent avoir le droit de s'impofer fur
elles-mêmes la fomme qu'elles doivent
contribuer aux charges générales de tout
l'Etat : d'autres ont choifi le genre de
leurs impofitions, & ont été conftamment affranchies de celles qui leur étoient

plus onéreufes, ou qui étoient plus contraires à la nature & aux productions de leur fol. C'eft par cette raifon que les Tailles, les Aydes & les Gabelles n'ont pas lieu uniformément dans toutes les Provinces de France. En général, chaque Province réunie au Corps de l'Etat, a communément conservé pour fubfide fondamental, le genre d'impofitions qu'elle payoit à fes anciens Souverains, fans préjudice des nouvelles impofitions furvenues pour fournir à de nouveaux befoins.

Quelque refpeɛtables que foient ces priviléges, fi on propofoit à une de ces Provinces une nouvelle forme d'impofitions qui lui fût plus avantageufe, ne feroit-ce pas confirmer elle-même fes priviléges, que de l'adopter volontairement ; & fi elle la refufoit, ce refus ne feroit-il pas regardé comme l'effet du préjugé le plus déraifonnable ? Le projet du nouveau Tarif eft encore moins fufpeɛt de toucher aux priviléges : il ne s'agit point de fubftituer un droit à un autre ; il n'eft queftion que de combiner un droit établi de la façon la plus utile au Commerce.

Pour fentir l'effet du nouveau Tarif, il faut commencer par fe rappeller l'état où font toutes les Provinces du Royaume, comprifes ou non comprifes dans l'enceinte du Tarif de 1664, foit par rapport aux droits de Traites fixés par les Tarifs, foit pour les droits uniformes établis depuis. L'utilité ou le dommage qui réfultera du nouveau Tarif, décideront fans doute l'accueil qu'elles doivent lui faire.

Les Provinces connues fous le nòm des cinq groffes Eermes auroient autant & plus de droit que toutes les autres de fe plaindre du nouveau Tarif, s'il n'étoit pas favorable au commerce, puifqu'elles acquiteroient comme les autres les droits du nouveau Tarif à la frontière extrême : mais ils feront mieux combinés dans l'intérêt du commerce ; & elles y gagnent la communication &

H iiij

la circulation libre de l'intérieur ; ainſi elles n'auront garde de s'en plaindre. Si quelques marchandiſes exemptes dans l'état actuel, ſe trouvent impoſées dans le nouveau Tarif, le droit eſt preſque inſenſible. L'indemnité eſt abondamment donnée par des diminutions faites ſur d'autres objets ; & ces Provinces recevront comme une grace, le nouveau Tarif.

Il en ſera de même des Baſques, du pays de Fouls, du Béarn, du Marſan, du Condomois, du Bazadois, de l'Agénois, du Périgord, de l'Angoumois, de la Marche, du Limouſin & de l'Auvergne, connus ſous le nom de Provinces réputées étrangères de l'intérieur, qui ne peuvent rien recevoir de l'Etranger qui n'ait acquitté les droits de Traites, & qui ſe trouveront déchargées des droits de circulation dans l'intérieur.

La Saintonge qui paye la traite de charente & les droits des Seigneurs pariſis, le Bourdelois qui acquitte la comp-

tablie, les quatre pour cent des drogueries, le convoi & le courtage, les Landes & le pays de Chalosse qui payent la
traite d'Arsac, le pays de Labour sujet
à la Coutume de Bayonne, la Flandre,
le Haynaut & le Cambresis soumis au
Tarif de 1671, le Lyonnois & le Forez
chargés de la douane de Lyon, de la
douane de Valence, des quatre pour
cent sur les drogueries, & de la foraine
de Lyon; le Dauphiné chargé de la
douane de Lyon & de la douane de Valence, la Provence qui acquitte la douane de Lyon, les quatre pour cent des
drogueries, la table de mer & la foraine
domaniale, la Cerdagne & le Roussillon
soumis au Tarif Catalan, qui est presque
inintelligible, enfin le Languedoc & partie de la Guyenne qui payent la douane
de Lyon, les quatre pour cent des drogueries, & la foraine & domaniale, demanderont avec empressement le nouveau Tarif, pour être déchargés de tous
ces droits, & avoir une libre communi-

cation avec toutes les autres Provinces du Royaume. La Franche-Comté sujette à tous les droits uniformes, privée de fabriques & gênée sur le débouché de toutes ses productions, par les Bureaux qui la séparent de toutes les Provinces du Royaume, trouvera encore un avantage très - considérable dans l'exécution du nouveau Tarif.

Toutes les Provinces dont nous venons de parler, pourroient dire : vous changez notre état, & nous demandons à rester dans celui où nous sommes. Le préjugé de l'habitude suffit souvent pour cela, & parmi elles il pourroit y en avoir qui, dans les traités généraux, ou dans des capitulations particulieres, trouveroient des promesses de ne point innover : mais ces promesses seroient plus qu'indiscrettes, si elles étoient toujours prises dans la plus étroite rigueur. Les besoins de l'Etat ont souvent été des motifs suffisans pour imposer de nouvelles charges : le bien général du Com-

merce de l'Etat a toujours été la cause
légitime des droits uniformes imposés
aux frontières extrêmes. Les prétendus
priviléges particuliers n'en ont point dif-
pensé : ils s'opposeront encore moins
au bien de la Province, qui, par une
opiniâtreté de préjugé, les réclameroit
contre son intérêt personnel. Ces préjugés ne résistent jamais à l'évidence ; ils
n'existent point dans la Province entière, si quelqu'une des personnes chargées
de ses intérêts, les adopte, ou par pré-
vention, ou par ignorance, ou par intérêt personnel : elle se trouveroit contredite par des gens moins prévenus &
mieux instruits ; & c'est à l'administration
générale à décider entre les Membres de
la Province ainsi divisée : l'intérêt général de la Province lui est plus cher qu'à
aucun particulier de la Province même ;
nulle partialité ne prévient sa détermination, & elle fait mieux que toute autre
conserver les intérêts de chaque Province, les concilier ensemble, & en faire

réfulter le bien général, qui eft le but de l'adminiftration, & l'intérêt réel de chaque particulier.

C'eft fur les mêmes principes que nous allons difcuter les véritables intérêts de la Bretagne.

Cette Province paroît d'abord moins intéreflée qu'une autre au fuccès du nouveau Tarif, parce que fa liberté eft moins gênée vis-à-vis de l'Etranger : mais les droits de la Prévôté de Nantes, de Brieux, de Ports & Havres & de Traite domaniale, qu'elle paye, ainfi que tous les droits uniformes auxquels elle eft foumife, forment un objet confidérable ; & les Bureaux qui la féparent de l'intérieur, dont elle tire une grande partie de fes marchandifes, rendent cette charge d'autant plus pefante, qu'ils font affez peu combinés, & que la furcharge des droits locaux dérangent la route que les marchandifes devroient fuivre, foit par terre, foit par eau, pour la plus grande économie du Commerce.

L'étendue des côtes de cette Province, la multiplicité de ses Ports & Havres, l'industrie & la quantité de ses Négocians, sa position favorable pour toutes les pêches, pour le commerce d'Espagne, du Nord, de la côte de Guinée & des Colonies Françoises de l'Amérique, semblent la destiner plus que toute autre au commerce : la franchise de son sel favorise ses pêches & ses armemens maritimes, en favorisant toute nature de salaisons. Elle est donc intéressée plus qu'aucune autre à suivre un bon Tarif de droits de Traites ; & elle est trop éclairée, & ses Négocians trop instruits, pour ne pas desirer un Tarif dressé dans l'intérêt général du Commerce. Sa consommation intérieure sera moins chargée qu'elle n'étoit : la suppression des Bureaux de l'intérieur la rend encore plus abondante ; celles de leurs fabriques qui ne pouvoient lutter contre celles de l'Etranger, & qui étoient exclues de la consommation du Royaume par les droits de communication, vont prendre de nouvelles forces dans la liberté de cette communication ; leur commerce maritime prendra de nouveaux accroiſſemens, & par l'économie des armemens, & par la facilité de l'aſſortiment des cargaiſons. L'exemple inſtruit mieux le Public, que les principes les plus lumineux & les mieux écrits : l'expérience détruit les préjugés, & prévient les objections. Les fortunes faites en Bretagne avant la derniere guerre, par la voie du commerce, en ont plus appris aux Bretons, que tous les livres anciens & nouveaux ſur cette matière. Ils ſavent que la ſuppreſſion des droits de la Prévôté de Nantes, de Brieux, de Ports & Havres, & de la Traite domaniale, ainſi que des droits uniformes ; & principalement des Bureaux & des droits de l'intérieur, remplacés par un Tarif à la frontière extrême, uniquement travaillé dans l'intérêt général, eſt le plus grand bien qui puiſſe arriver à leur commerce ; &

dès-lors, si quelques préjugés s'élevoient contre cet ouvrage chez des personnes peu instruites & uniquement attachées aux anciens usages, leur opposition seroit bien-tôt contredite par toute la Province, qui a l'intérêt le plus réel dans l'exécution du nouveau Tarif; & la difficulté, s'il s'en formoit de réelle, ne pourroit jamais consister que dans la question de fait, de savoir si le nouveau Tarif est travaillé & rédigé dans le véritable intérêt du Commerce, ou s'il ne tend pas trop à fournir des produits en Finance. Cette question de fait seroit-elle donc si difficile à décider ?

L'intention n'est pas douteuse, elle est annoncée clairement & sans ambiguité dans une Lettre circulaire, écrite à tous les Intendans, qu'il a plû à un Négociant Nantois de faire insérer avec ses observations dans le Journal du Commerce, imprimé à Bruxelles : elle est assurée par les communications données à toutes les Chambres de Commerce, non - seulement du projet, mais même de toutes les lettres qui doivent compoſer le Tarif. Leurs obſervations qu'on attend, doivent être examinées & combinées avec les avis des Intendans ; & de ces ſources doit ſortir une déciſion fixe, qui ne peut pas manquer d'être favorable. Il y auroit plutôt à craindre qu'il n'en réſultât une trop grande diminution de produits, incompatible avec l'état actuel des Finances ; & c'eſt le ſeul obſtacle réel qui paroiſſe pouvoir s'oppoſer à l'exécution du projet.

Pour être convaincu de ſon utilité, parcourons les principales objections qu'on y oppoſe, & commençons par écarter en un mot toutes les injures contre les Fermiers & les gens de Finance : préjugés populaires plus dangereux qu'on ne croit, qui favoriſent la fraude, & attaquent mal-à-propos l'adminiſtration générale. En effet, la loi eſt faite entre le Fermier & le Contribuable : les Juges & les différens degrés de Juriſdiction

ſont

font établis pour décider les conteftations qui peuvent s'élever entr'eux avec
les mêmes régles & les mêmes précautions qui mettent à l'abri toute la fortune des particuliers. Les peines les plus
rigoureufes font prononcées par la Loi
contre les exactions & les concuffions :
les Tribunaux & les Cours y veillent
avec févérité ; l'adminiftration a même
été plus loin pour la tranquillité du citoyen. Il eft arrivé plufieurs fois que des
droits établis & non fupprimés font tom-
bés en défuétude ; qu'un Fermier plus
attentif s'eft apperçu de cette négligen-
ce, & a voulu percevoir le droit en vertu
de la Loi fubfiftante. Les Tribunaux ne
pouvoient s'y oppofer : l'adminiftration
l'a fait ; & par une fimple décifion connue de tout le monde, elle a arrêté le
Fermier. Elle a voulu examiner par elle-
même la nature du droit, la forme de fa
perception, les raifons qui ont pû inter-
rompre cette perception, & les inconvéniens qui pourroient réfulter de fon

I

rétabliſſement. Ce n’eſt qu’après des pré-
cautions auſſi ſages, qu’il eſt permis au
Fermier de ſe pourvoir pardevant les
Juges ordinaires, qui, par bien des rai-
ſons, ſont toujours plus favorables au
Contribuable qu’au Fermier.

On trouvera au reſte dans cet Ouvrage l’approbation que méritent le projet de M. Colbert & le nouveau Tarif;
car c’eſt le même projet, & la ſeule différence, c’eſt que M. Colbert y mettoit
des conditions qu’on n’exige pas aujour-
d’hui : nouvelle preuve de l’utilité de ce
Tarif, qui eût été généralement accepté, ſans les conditions impoſées à ſon
acceptation. Les défauts qu’on peut reprocher aux Tarifs actuels, ſont une raiſon de plus pour le nouveau Tarif, dans
lequel on s’efforce de les corriger.

On ne répétera point ici ce qu’on a
ſi ſimplement diſcuté ſur la quotité des
droits, & ſur la fixation des évaluations.
C’eſt avec le commerce que tout ſe fait;
c’eſt, pour ainſi dire, lui-même qui fixe

les droits, & arrête les évaluations fur
le pied d'un commerce floriſſant en tems
de paix. Il ſe trouvera peut-être des droits
qui ſeront augmentés , ſoit par la quotité du droit , ſoit par l'évaluation de la
marchandiſe : cela peut arriver; les variations du commerce & le changement
des valeurs en ſont les cauſes naturelles ;
mais il y en aura beaucoup d'autres diminués , les proportions ſeront beaucoup mieux obſervées. En général, le
Tarif ſera tout entier travaillé dans l'intérêt du commerce, & l'on ne ſauroit
être trop convaincu qu'un bon Tarif
n'eſt point une opération de Finance,
mais de Commerce ; qu'il peut gêner
quelques particuliers dans quelqu'intérêt
perſonnel & peu légitime ; mais qu'il
doit être favorable en tout à l'agriculture & au commerce. Dans le fait, le
Commerce eſt le principal artiſan de ce
Tarif. Qu'auroit-il donc à redouter d'une
opération qui n'eſt faite que pour amé-

liorer fon état, & fur laquelle il eſt conſulté dans tout le détail poſſible ?

Mais, dira-t-on, les objets néceſſaires aux armemens feront impofés dans le nouveau Tarif? Oui, fans doute : mais qu'en réfultera-t-il? 1°. Que tous les objets néceſſaires aux armemens qu'on tirera de l'intérieur du Royaume, ne payeront rien, au moyen de la fuppreſſion des Bureaux de l'intérieur : moyen fûr pour encourager l'agriculture, qui fournit prefque tous ces objets. 2°.Ceux qu'on tirera de l'Etranger, feront certainement ménagés, & peuvent être diſtingués en deux claſſes; l'une de matières premières, comme les chanvres, qui feront aſſurément placés dans la claſſe la plus favorable, & l'autre, des objets qui ont déja reçu la main-d'œuvre & les apprêts, comme les falaifons, & doivent être impofés à des droits un peu plus forts. Il eſt prefque honteux qu'ayant reçu de la nature le meilleur fel & le plus eſtimé, ayant en abondance les porcs dans le

Royaume, possédant des pâturages &
des souches de bestiaux considérables,
qu'il ne tient qu'à nous d'augmenter autant que nous voudrons, nous ayons encore recours à l'Etranger pour les salaisons. Vainement objecteroit-on l'inconvénient des Gabelles : plusieurs Provinces du Royaume en sont affranchies, &
notamment la Bretagne, qui a plus de
tort que toute autre Province, de ne se
pas livrer aux salaisons. Elle peut se suf-
fire à elle-même sur cet objet : elle a les
sels, les porcs, les bœufs chez elle ; l'é-
tendue immense de ses landes est capable de nourrir une augmentation considérable de bestiaux d'autant plus utiles,
qu'en même temps qu'ils fournissent la
matière première aux salaisons, ils en-
graissent & améliorent les pâturages, qui
en élévent d'autres, & animent l'agriculture &. la fabrique par la consommation de toutes leurs productions.
Pour encourager le Colon, & produire
ce grand bien, rien n'est si utile que

l'impofition de quelques droits à l'entrée
fur les falaifons étrangeres. Si un Négociant d'un pays de Gabelles s'élevoit
contre cette impofition, on lui répon-
droit : Pourquoi voulez-vous aller chercher à l'Etranger ce que vos concitoyens
peuvent vous fournir ? Et on répondra
au Négociant Breton, avec encore plus
de fuccès, en lui difant : Faîtes vous-
même vos falaifons, & tirez un nouveau
profit de vos armemens, en confommant
vos propres denrées, & en y ajoûtant
un nouveau prix pour la main-d'œuvre.

Ces raifons importantes pour le Commerce en général & pour la Bretagne
en particulier, doivent faire fentir qu'il
ne peut être queftion ici des Gabelles.
Il ne s'agit que des droits de Traites,
d'en dreffer un nouveau Tarif dans les
vûes du plus grand bien du Commerce,
de verfer de nouvelles faveurs fur le
Commerce de Guinée & des Colonies
Françoifes, enfin d'accorder de nouvelles facilités fur les acquits à caution, les

Entrepôts & les tranſits. Pourquoi vou-
droit-on douter d'intentions ſi avanta-
geuſes & ſi ouvertement déclarées ?

Pluſieurs raiſons nous diſpenſent d'entrer dans un plus long détail ſur l'objet
de la Bretagne : 1°. C'eſt qu'une grande
partie des obſervations tombe par le
fait, à l'inſpection du nouveau Tarif qui
a prévenu les deſirs du Commerce.

2°. C'eſt que ces objets ont déja été
traités avec aſſez de détail dans une Lettre particuliere pour la Bretagne.

3°. C'eſt que l'ouvrage qui ſemble
d'abord critiquer ſur quelques points le
projet du nouveau Tarif, conclut cependant à ſon acceptation.

Pourroit-on douter, après cela, que
la Province de Bretagne ne ſaisît avec
empreſſement les avantages qu'on veut
bien lui faire, & n'en profitât pour établir & pouſſer avec vivacité les ſalaiſons,
qui lui ſont auſſi utiles pour la culture
de ſes terres, que pour ſes armemens &
ſon commerce.

I iiij

Il nous reſte à diſcuter ce qui concerne l'Alſace, la Lorraine & les trois Evê- chés : mais avant que d'entrer dans l'examen des véritables intérêts de ces Provinces, qu'il ſoit permis de faire une réflexion générale qui leur eſt com- mune.

En examinant dans le premier Chapi- tre la nature d'un Tarif des droits de Traites en général, on a établi que la confection d'un bon Tarif étoit moins une opération de finance que de com- merce, & que ſon but principal étoit l'utilité de l'Agriculture, du Cormmerce & de la Population. Le produit en finan- ce ne peut être utile qu'autant qu'il favo- riſe ces trois objets capitaux ; & des in- térêts auſſi précieux peuvent diminuer ce produit ſans qu'on doive y avoir re- gret, ſi on peut faire ce ſacrifice, ou mê- me remplacer ſes produits par des opéra- tions plus douces & plus analogues au bien général.

En détaillant dans le Chapitre ſecond

toutes les qualités nécessaires à un Tarif de droits de Traites, pour être véritablement utile, on a prouvé de plus en plus combien un bon Tarif étoit avantageux au Commerce : ces principes ont été traités en général, & sans application à aucune Puissance ni à aucune Nation. On a observé en même-temps, que si le système de la liberté générale pouvoit être adopté, ce ne seroit surement que par un Etat riche en productions du sol & de l'industrie, qui auroit plus de superflu que de besoins ; que ce système ne pourroit être favorable à ceux qui pourroient se trouver dans une situation contraire ; que les prohibitions, ou encore mieux les Tarifs bien combinés, pourroient seuls les défendre, en excitant leur main d'œuvre & leur industrie de toute espéce. Si l'Alsace, la Lorraine & les trois Evêchés font dans ce cas, si leurs besoins égalent leurs productions, si les produits de leur industrie font fort au-dessous de leur nécessaire, le Tarif leur eſt eſſentiellement utile ; & ſi la Lorraine & l'Alſace formoient chacun une Souveraineté diſtincte & ſéparée de toute autre, il feroit de leur intérêt d'avoir un bon Tarif pour animer leur culture, leur commerce & leur population.

Nous venons de voir dans le quatriéme Chapitre que le nouveau Tarif qu'on propoſe eſt travaillé dans le plus grand intérêt de l'Agriculture, du Commerce & de la Population pour toute Nation en général ; nous l'avons juſtifié par l'application des principes généraux contenus dans les deux premiers Chapitres : ainſi, quand on l'aura réformé ſuivant les obſervations de tout le Commerce, on pourra ſe flatter qu'il approche de ſa perfection. Il eſt donc avantageux en général à tous ceux qui ſe porteront à l'adopter ; & il faut des raiſons d'exception bien fortes & bien déciſives pour ſe ſouſtraire à des principes ſi conſtans & ſi généraux.

Ces raiſons d'exception doivent ſe

trouver dans le local plutôt que dans
des titres de priviléges : car les priviléges
ne font faits que pour le bien des Privilégiés ; & on fe riroit de quelqu'un qui refuferoit d'accepter un préfent, fous prétexte qu'il n'eft pas obligé de rien donner. Ces priviléges font des armes utiles
entre les mains du Privilégié, pour empêcher qu'on ne détériore fa condition ;
mais elles lui deviendroient funeftes, fi
elles lui défendoient de l'améliorer. Laif-
fons donc un moment à part tous ces
priviléges, & traitons la queftion dans
le plus grand intérêt de ces Provinces.
Cela eft d'autant plus aifé, que leur refus obftiné, en leur faifant un tort réel,
ne feroit pas capable d'empêcher le bien
qu'on veut faire au refte de l'Etat. CesPro-
vinces qui fe touchent font placées dans
un coin qu'il eft très-poffible de féparer
du refte du Royaume par une barriere,
dans la formation de laquelle il eft aifé
d'applanir la difficulté des enclaves. Dans
cet état, elles peuvent refter dans la fi-

tuaton où elles font, fujettes aux droits locaux & au Tarif de la barriere qui les fépare du refte du Royaume, ainfi qu'aux droits uniformes & aux prohibitions qui peuvent y être établies, & qu'il eft jufte de maintenir pour le bien de l'Etat. Il faut bien qu'elles contribuent aux charges de l'Etat dans la proportion qu'elles y font impofées.

Une autre condition non moins jufte & non moins néceffaire, c'eft que la barrière qui eft établie entre ces Provinces & le refte du Royaume, foit abfolument & en tout égale aux barrieres établies entre le Royaume & l'Étranger effectif ; fans quoi ces Provinces deviendroient un entrepôt général de marchandifes étrangeres , uniquement fait pour les verfer dans le Royaume en exemption de droits , ce qui dérangeroit toutes les proportions du Tarif général. Avec ces précautions à fuivre dans la plus grande exactitude, on peut les retrancher du Tarif, qui n'en deviendra pas moins utile pour le refte du Royaume. Ce n'eſt donc que pour leur intérêt que nous allons tâcher de les convaincre de l'utilité qu'elles trouveroient dans l'acceptation du nouveau Tarif.

Commençons par l'Alſace , & diſtinguons Straſbourg du reſte de la Province, moins par ſes priviléges que par les circonſtances locales & par l'intérêt général du commerce de l'Etat.

Ses priviléges ſont fondés ſur la capitulation du 30 Septembre 1681 , confirmés par les Arrêts du 20 Février 1683 & du 26 Août 1698 . les diſpoſitions qu'ils contiennent, ſont uniquement relatives à la Ville de Straſbourg.

Il ne faut pas être étonné que tous ces titres ne parlent que de la Ville de Straſbourg, & ne faſſent aucune mention du reſte de l'Alſace, pour deux raiſons principales : la première, c'eſt que la Ville de Straſbourg ſeule capituloit ; le reſte de l'Alſace étoit déja réuni à la Couronne par droit de conquête : la seconde, c'eft que les motifs que cette Ville donne elle-même, ne conviennent qu'à elle, & point du tout au refte de la Province. Il paroît, par fa fituation fur le bord du Rhin, uniquement féparée de l'Etranger par ce fleuve, & communiquant facilement avec l'Etranger par le pont de Kel, feul pont qui établiffe telle communication dans toute l'étendue de l'Alface ; il paroît, dis-je, que cette Ville eft naturellement un entrepôt général où fe viennent rendre toutes les marchandifes étrangeres, pour être échangées contre les marchandifes nationales que le même objet y attire. C'eft fur cela qu'eft fondée la libre communication de Strafbourg avec l'Etranger, foit directement & immédiatement ; foit médiatement par les autres Bureaux de l'Alface, au moyen des acquits à caution accordés aux marchandifes deftinées pour la Ville de Strafbourg. C'eft à la faveur de cette pofition, que les Négocians de cette Ville ont établi un com-

merce d'entrepôt floriſſant, qu'on riſ-
queroit d'anéantir, ſi on impoſoit des
droits nouveaux ſur ce qui leur parvient
de l'Etranger. Si toutes ces raiſons ſont
favorables à leur franchiſe actuelle, l'intérêt général de l'Etat ne parle pas moins
pour eux ; & c'eſt pour cela que dans la
Lettre jointe au Projet adreſſé à M.
l'Intendant d'Alſace, on propoſe de conſerver à Straſbourg toute ſa franchiſe,
& de la mettre du nombre des quatre
Villes franches qui ſeront placées aux
quatre coins du Royaume, toutes dans
des poſitions favorables pour former des
entrepôts floriſſans ; & dès-lors Straſbourg a tout ce qu'elle demande, & ce
que l'avantage de ſa ſituation doit lui
procurer, indépendamment de ſes priviléges. Il ne paroît donc pas qu'il ſoit
queſtion de rien changer à ſon état vis-
à-vis de l'Etranger. Il peut y avoir quelque changement pour les marchandiſes
que, de ſon aveu, elle tire de France
en grande quantité : mais c'eſt à ſon avan-

tage ; car il ne lui en vient aucune qui n'ait acquitté les droits de fortie des cinq groffes Fermes, ainfi que les droits de péage d'Alface ; & il y en a beaucoup qui font chargées en outre des droits locaux & de communication. Or les droits de Traites dans le nouveau Tarif font combinés bien plus avantageufement pour le commerce, qu'ils ne l'étoient dans le Tarif de 1664, & les droits locaux, ainfi que les Bureaux de l'intérieur, font fupprimés : les priviléges de Strafbourg lui font confervés en entier ; fon état ne change point à l'extérieur, il eft amélioré à l'intérieur. Elle refuferoit donc fon bien, fi elle refufoit le nouveau Tarif.

Les Négocians de Strafbourg tirent, dit-on, de France beaucoup de marchandifes des Ifles & de la Compagnie des Indes. Qu'eft-ce qui les en empêchera, foit par la voie de l'Etranger dont ils fe fervent aujourd'hui, foit par la voie des tranfits, auxquels il feroit peut-

être

être possible de donner un peu plus d'extenfion.

Ils tirent actuellement leurs toileries
fines de la Suiffe, de la Siléfie, de Soua-
be & de Hollande, & des laines de
Boheme, de Macédoine, du pays des
Deux-Ponts, &c. Ils le feront de même, & rien ne s'y oppofera, tant pour
ces objets de commerce, que pour tous
les autres dont ils jouiffent actuellement.

Les marchandifes qu'ils tirent de France, viennent par l'Etranger, en remon-
tant le Rhin, par le moyen des Bateliers de cette Ville. Le Corps des Bateliers eft le premier des vingt Tribus
de Strafbourg : il confifte en plus de
cent familles réfidentes dans la Ville,
outre 300 Bateliers qu'ils entretiennent
fur le Rhin, jufqu'à Lauterbourg, pour
Aides-Pilotes & Alléges. On n'a point
envie de toucher aux priviléges qui leur
font accordés. On ne doute pas de l'a-
vantage de cette navigation, & de l'inconvénient qu'il y auroit de la voir

K

tranſporter de l'autre côté du Rhin chez une Puiſſance étrangere. Mais comment cela arriveroit-il, puiſque Straſbourg con-ſerve avec l'Etranger la même liberté dont elle jouit, & qui anime ſi fort le commerce & la navigation dans les au-tres Ports francs.

Il n'en faut pas davantage pour prou-ver que la Ville de Straſbourg trouvera un avantage réel dans le nouveau Tarif, Séparée du reſte de l'Alſace, comme elle l'a toujours été, elle conſerve les faveurs & les franchiſes qui lui ont été aſſurées par la capitulation de 1681, & par les Arrêts de 1683 & de 1698. Ces deux Arrêts, & même celui de 1684, juſtifient de la barrière établie entre cette Ville & le reſte de la Province ; & tout le monde connoît la barrière ſubſiſtante entre la Province d'Alſace & les autres Provinces du Royaume. A l'égard des marchandiſes que Straſbourg tire de l'E-tranger, ſoit pour importer dans le Royau-me, ſoit pour reverſer à l'Etranger, elle

reste dans la même position où elle est.
Par rapport aux marchandises qu'elle
tire en grande quantité de l'intérieur du
Royaume, elle ne payera qu'un droit
combiné dans l'intérêt du Commerce,
au lieu de deux, & plus qu'elle paye aujourd'hui ; car dans l'état présent elle ne
tire point de marchandises des Provinces
limitrophes, qu'elles n'acquittent le droit
de sortie du Tarif de 1664, & les droits
de péage d'Alsace ; & si elle les tire de
Provinces plus éloignées, elles acquittent encore les droits locaux & les droits
de communication de Province à Province. L'avantage est donc très-réel pour
Strasbourg : quand un arrangement utile
pour elle toucheroit à ses priviléges, elle
ne devroit point y avoir regret ; mais
dans le fait ses priviléges sont conservés
en entier, & on ne fait qu'y ajouter de
nouveaux avantages.

Nous en trouverons encore de plus
grands pour la Province d'Alsace, en
discutant ses véritables intérêts. Com-

mençons par établir sa situation actuelle.
Elle paye de tous côtés : toutes les marchandises qu'elle tire de France, sont
sujettes aux droits locaux & au droit du
Tarif de 1664. Elle paye les droits de
péage sur ce qui lui vient de l'Etranger ;
elle est soumise aux droits sur les cuirs,
& à un assez grand nombre de prohibitions d'autant plus nécessaires à maintenir, qu'elles seroient plus funestes par le
dérangement des proportions établies
par le Commerce lui-même dans la formation du nouveau Tarif : très-peu de
manufactures, & toutes languissantes,
animent mal la culture & la population.
Tel est le tableau de leur état : exami-
nons-en les causes & les conséquences.

Le sol de l'Alsace est excellent & sus-
ceptible de presque toutes les productions utiles. Les habitans sont laborieux,
industrieux, & la main-d'œuvre est à bon
marché : cependant ils n'employent point
toutes les matières premières de leur
crû, auxquelles ils pourroient donner un

nouveau prix par le travail de leurs fabriques. Nulle gêne, foit réelle, foit idéale, ne s'oppofe au fuccès de ces fabriques qui languiffent : cependant, tandis qu'à leur porte on voit dans la Champagne une culture plus animée fur un fol moins fertile, & des manufactures floriffantes prefque en tout genre, occuper utilement, quoiqu'à plus grands frais, un peuple confidérable d'ouvriers & de confommateurs, d'où vient cette différence ? Les Alfaciens nous le diront eux-mêmes. Les Bureaux font remplis de Mémoires, par lefquels on repréfente que les manufactures d'Alface ne fauroient fe foutenir que par leur libre communication avec les Provinces de l'intérieur, d'autant plus qu'elles ne peuvent actuellement foutenir la concurrence vis-à-vis l'Etranger. Cela eft probable en général dans des commencemens d'établiffemens : cela eft prouvé par le fait pour l'Alface, qui tire la plus grande partie de fes toiles & même de fes draps de l'Etranger. Ces fabriques ne pourront pas non plus lutter contre les manufactures de l'intérieur, tant qu'elles payeront le même droit qui donne une préférence aux manufactures nationales sur les manufactures étrangeres. Elles n'ont donc point de débouché, & par conséquent point d'exiſtence. Reportez ce droit de Traites à la frontière extrême, elles ſe trouveront pourlors dans le même cas que les autres manufactures de draperies & de toileries, qui, non contentes de remplir la conſommation de l'intérieur, verſent leur ſuperflu en grande quantité chez l'Etranger.

Ces principes & l'expérience ſuffiroient pour prouver l'avantage que l'Alſace doit trouver dans l'exécution du nouveau Tarif : mais entrons dans un plus grand détail ſur le commerce de l'Alſace, & examinons-le ſous trois points de vûe. 1°. Pour les marchandiſes qu'elle tire de France. 2°. Pour celles qu'elle tire de l'Etranger. 3°. Pour l'exportation des

[151]

productions de son sol & de son industrie.

Les marchandises qu'elle tire de France, sont destinées, ou pour le commerce d'exportation à l'Etranger, ou pour la consommation intérieure de l'Alsace. A l'égard du commerce d'exportation dont Strasbourg est le centre & presque l'unique agent, nous ne répéterons point qu'il est très-favorisé par le nouveau Tarif, dans lequel les droits de Traites sont combinés dans le plus grand intérêt du commerce, & au moyen duquel tous les droits de péage & de communication sont supprimés dans l'intérieur.

La consommation de l'intérieur de l'Alsace y trouve encore un plus grand avantage, puisque la barrière qui est aujourd'hui entre cette Province & l'intérieur, étant levée, elle communiquera librement avec les autres Provinces, & en recevra tout ce qui est nécessaire à sa consommation, sans avoir aucuns droits à payer; au lieu que, dans l'état actuel, ce qu'elle tire de l'intérieur pour ses be-

K iiij

foins; fes fabriques & fon commerce, eft fujet aux droits du Tarif de 1664 & des Arrêts poftérieurs.

Paffons aux marchandifes que l'Alface tire de l'Etranger : obfervons d'abord qu'il eft de fon intérêt d'en confommer le moins qu'il lui fera poffible. Ajoutons qu'elle en remplacera une grande partie par les marchandifes de France qu'elle recevra en exemption de droits, au lieu qu'elle paye aujourd'hui quelques droits fur les marchandifes étrangeres ; qu'elle doit même payer tous les droits uniformes qui y ont été impofés, & que toutes les prohibitions qui y font ordonnées, doivent y avoir lieu. S'il eft quelques efpéces qu'on ne peut fe difpenfer de tirer de l'Etranger, le droit du nouveau Tarif combiné dans l'intéret général du commerce, ne fera jamais affez fort pour grever le confommateur. Je ne parlerai point de la contrebande des marchandifes prohibées, ni de la fraude des droits exclufifs. Nous avons déja prouvé dans le fecond Chapitre, que, fi le commerce eft avantageux à quelques particuliers, il eft funefte aux manufactures établies dans la Province, & s'oppofe abfolument à tous nouveaux établiffemens. La fertilité du fol de l'Alface, le génie & l'induftrie de fes habitans doivent lui faire fentir plus qu'à toute autre Province, tout le danger de cet inconvénient. Si la ligue des Bureaux de Traites étoit portée fur la frontière d'Alface, elle verroit bien-tôt triompher l'induftrie de fes habitans, & changer fon commerce de manufactures étrangeres en établiffemens utiles à elle - même, aux autres Provinces du Royaume, & en général à tout l'Etat.

Il ne nous refte plus à parler que de fes denrées commerçables : commençons déja par écarter l'idée de mettre l'Alface parfaitement & entiérement dans le cas des Provinces des cinq groffes Fermes. Il n'eft ici queftion ni d'Aydes, ni de Gabelles, ni de Tabac, toutes charges impofées fur la confommation intérieure; il ne s'agit que des droits d'importation & d'exportation à la frontière extrême, & de la fuppreffion de tous droits de Traites à l'intérieur. Il n'y a rien certainement de plus différent : il n'eft pas plus queftion de vouloir toucher à la plantation, à la culture & au commerce du tabac en Alface; tous ces objets doivent refter dans l'état où ils font actuellement. Les tabacs qui fortent de l'Alface à l'Etranger, payent actuellement 13 fols 4 deniers du quintal; en les mettant à la fortie dans la claffe de la plus grande faveur, ils payeront vrai-femblablement encore moins. Le tabac étranger y paye 30 fols par livre d'entrée. Si la culture des tabacs eft auffi abondante en Alface qu'on le prétend, il eft de l'intérêt de cette culture de gêner l'introduction des tabacs étrangers; & en général toutes marchandifes ou denrées rangées dans les claffes les plus favorables à la fortie, doivent, par les mêmes principes, se trouver placées dans les classes les plus fortes à l'entrée.

Les grains de l'Alsace se trouvent aujourd'hui compris dans les prohibitions générales : c'est une affaire d'Etat qui ne regarde pas le Tarif.

Elle compte encore parmi ses productions, le tartre de vin, les huiles de lin, de navette & de pavots, ainsi que le safranon. On pourroit y ajouter la garence, dont la culture commence à y réussir. Tous ces objets propres & même nécessaires aux manufactures, devroient fournir d'abord à la consommation des manufactures même d'Alsace ; & leur superflu trouveroit un débouché avantageux dans les manufactures de France, qui en tirent elles mêmes de l'Etranger.

Finissons par l'objet des chanvres & des lins. Dans le fait, l'Alsace en produit beaucoup : elle en consomme peu dans ses manufactures languissantes. La Suisse & la Hollande enlévent le surplus prefque en exemption de droits, tandis que toutes les autres manufactures de France font obligées d'aller chercher à l'Etranger ce qui manque à l'aliment de leurs fabriques. Ainfi il réfulte de l'état actuel, que l'Alface n'a point de manufactures pour l'emploi de fes matières premières, quoiqu'elle fût à portée plus que toute autre d'en faire ufage; que l'Etranger en profite, & que le Régnicole en eft privé; & cela ne peut pas être autrement, tant que l'Alface ne connoiffant pas fes véritables intérêts, confervera fa liberté à l'Etranger, & fa barrière dans l'intérieur. Si, par le nouveau Tarif, fa communication avec l'Etranger eft gênée fur ces objets, elle devient libre avec les autres Provinces du Royaume, dont les manufactures fabriqueront de plus ce que l'Etranger fabriquera de moins. L'Alface elle-même employera ces matières; elle augmentera le nombre de fes métiers; la claffe du Tarif, la plus favorable à l'exportation, & la liberté de sa communication avec l'intérieur favoriseront ses premiers débouchés : sa propre consommation lui sera assurée par les droits d'entrée sur les marchandises étrangeres, & bien-tôt ses fabriques, dignes émules des autres manufactures du Royaume, concoureront avec elles dans le commerce à l'Etranger, dont elles cesseront d'être tributaires comme elles le sont.

Tout concourt donc à prouver les avantages que l'Alsace doit retirer de l'exécution du nouveau Tarif. Il est tems de rappeller ici ce que nous avons dit d'abord : c'est que, quand l'intérêt ne s'y trouveroit pas tout entier, & pourvû qu'il n'y eût pas des inconvéniens considérables, il est plus convenable que la barrière soit établie entre l'Etranger & le Régnicole, & que tous les citoyens soient réunis & défendus par une barrière qui les comprenne tous. L'intérêt général de l'Etat, l'égalité de la protection du Souverain pour tous ses Sujets, les sentimens de confraternité qui doivent unir tous les enfans du même pere, enfin la prospérité générale, qui est la seule source assurée de toutes les prospérités particulieres, décideroient la question, s'il pouvoit y avoir quelque difficultés, qui disparoissent toutes dès-que l'interêt général de l'Etat se trouve réuni à l'intérêt particulier des Provinces qui le composent.

Il ne nous reste plus à discuter en général, que ce qui regarde la Lorraine & les trois Evêchés. Ces derniers enveloppés de toutes parts par la Lorraine, suivront nécessairement son sort : mais cette Province éventuellement réunie à la France, doit nous intéresser par bien des motifs. C'est une Province frontière qui ne sauroit être trop peuplée, ni trop attachée aux intérêts de l'Etat, qu'elle défend, pour ainsi dire, en première ligue en temps de guerre. Son bien particulier fait donc une partie essentielle du bien général de l'Etat. L'idée du nouveau

Tarif qu'on ne connoiſſoit pas encore, a donné lieu à un grand ouvrage, où l'Auteur déclare avoir été Financier, Commerçant & Fabriquant, & ne parle que comme citoyen.

Il eſt inutile qu'il ſoit Financier ; car il ne s'agit point ici de finances. On ne ſauroit trop répéter qu'un Tarif ne peut être bon, que, lorſqu'oubliant le plus grand intérêt des produits, il eſt véritablement travaillé dans le plus grand intérêt du commerce. Pour juger de celui qu'on propoſe, il ſuffit donc d'être véritablement Commerçant & Fabriquant.

En examinant cet ouvrage, commençons par écarter tout l'inutile : retranchons à ce titre environ un tiers du Livre rempli de déclamations & de lieux communs contre les Fermiers : préjugés vulgaires qui ne laiſſent que le regret du temps perdu à les écrire & à les lire.

On voudroit pouvoir traiter avec le même mépris l'éloge répété de la contrebande, qui occupe encore bien un tiers de cet ouvrage : mais notre Auteur en triompheroit peut-être. Des gens peu inftruits pourroient le croire : on ne fera pas cependant bien long fur cet article. Nous avons prouvé dans le fecond Chapitre, de la façon la plus évidente , que la contrebande étoit le plus mortel ennemi de la fabrique : ainfi ce n'eft pas en qualité de Fabriquant, qu'on peut prendre fa défenfe. Seroit-ce comme Commerçant ? Nous croyons avoir auffi prouvé dans le même endroit , que le Négociant n'étoit véritablement utile que lorfqu'il animoit la fabrique , & lorfque les efforts réunis du Fabriquant & du Négociant répandoient la vie & l'activité par - tout. Il n'y a , dans le vrai , qu'un feul Commerçant dans l'Etat , qui eft l'Etat lui-même. Tous les Négocians ne font que des Facteurs & des Commiffionnaires, auxquels il abandonne le foin de faire fructifier fes différentes branches de commerce : leurs profits font les fiens , & l'enrichiffent; mais ils l'appauvriroient,

s'ils

s'ils nuifoient à l'agriculture, aux fabriques & à la population : ce qui réfulte néceffairement du commerce de contrebande. Un Marchand de contrebande n'eft donc ni Négociant, ni Commerçant : c'eft une fangfue qui enrichit l'Etranger aux dépens de l'Etat, & qui s'engraiffe lui-même du fang des pauvres. On fe reprocheroit d'en dire davantage fur une vérité fouvent oubliée, mais univerfellement connue.

Avant que d'examiner le refte du Livre, divifé en quatorze Lettres féparées avec art, pour mafquer différentes contradictions qui ne font peut-être pas échappées fans deffein à un Auteur qui s'annonce par-tout comme fort inftruit, començons par bien éclaircir ce qu'on entend par les mots de fabrique & de manufactures. Le terme de fabrique en général comprend toutes les mains-d'œuvres que les matières premières reçoivent dans les manufactures. Les manu-

factures font de deux efpéces, raffemblées ou difperfées.

Les premières font conduites par un
feul Entrepreneur, qui raffemble fous fes
yeux, dans une enceinte de bâtimens
plus ou moins vafte, le nombre de métiers & d'ouvriers qu'il fait travailler pour
fon compte. La manufacture de Van-
robais eft dans ce cas.

Les manufactures difperfées, font celles où un nombre plus ou moins grand
de fabriquans travaillent chacun pour
leur compte; & on en connoît de deux
fortes, diftinguées par leur pofition. La
première, prefque renfermée dans les
enceintes des Villes, tire ordinairement
fon nom de la Ville qu'elle occupe
principalement; par exemple, les manufactures de Lyon, de Reims, d'Elbeuf,
d'Amiens, de Sedan, & autres.

La feconde efpéce répandue dans tout
le plat-pays & dans toute la campagne,
occupe chaque particulier dans fa mai-
fon, & chaque payfan dans fa chau-

mière, ne leur employe pas même tout
leur temps, & ne fait souvent que remplir les momens oisifs que leur laisse l'interruption de leur travail ordinaire. Cette
espéce de manufacture tire sa dénomination des chefs-lieux où le Fabriquant
vient vendre sa marchandise, & acheter
les matières premières qui lui sont nécessaires pour en fabriquer d'autres : par
exemple, les manufactures de toiles &
toileries de Rouen, de Laval, de Cho-
let, les Cadis du Gevaudan & autres. Il
y en a même de connues sous le nom
des Provinces qu'elles vivifient presque
par-tout, comme les manufactures du
Beaujollois. Cette seconde espéce de manufactures se nomme souvent du nom
général de fabriques, pour la distinguer
des manufactures rassemblées. Ces dernières sont utiles, par l'occupation qu'elles donnent à une certaine quantité de
citoyens, & par le nombre de consom-
mateurs qu'elles fournissent à l'agriculture : mais elles occupent tout le temps

L ij

des ouvriers qui ne peuvent être utiles qu'à cet objet ; & il en est à-peu-près de même des manufactures renfermées dans les Villes.

Les manufactures disperfées dans le plat-pays, font bien plus avantageufes. La fabrique répandue dans la campagne donne de l'occupation aux habitans qui ne font pas propres à la culture, remplit les momens oififs que les faifons & l'intempérie des temps laiffent au laboureur, occupe les femmes & même les enfans , & les met tous en état d'élever leurs familles , & d'améliorer leur bien. Elle est donc auffi avantageufe à l'agriculture & à la population, qu'au commerce. C'eft par cette même raifon que les manufactures raffemblées qui employent les filatures, font plus utiles que les autres, parce que la filature eft néceffairement répandue dans la campagne, du moins pour la plus grande partie. Il faut donc écarter encore les prétendues difficultés de bâtir des manufac-

tures, mais exciter les fabriques, en leur
ôtant les concurrens qui s'oppofent à
leur établiffement, & engager le colon
& l'ouvrier Lorrain à faire de la toile &
des étoffes propres à fa confommation,
au lieu de payer à l'Etranger le tribut
de cette fabrication. Qu'on ne dife pas
que cela eft impoffible en Lorraine, tandis qu'on rapporte la preuve du contraire par deux faits effentiels : le premier, qui eft le bon marché des vivres,
& par conféquent de la main-d'œuvre ;
le fecond, qui eft le fuccès des toiles &
lainages fabriqués en Lorraine, qui s'ex-
portent à l'Etranger, & même fe répandent en France, malgré les droits que
ces marchandifes payent à l'entrée.

Mais peut-être voudra-t-on fonder
l'impoffibilité d'établir des manufactures
en Lorraine fur la difette des ouvriers.
Nous n'avons pas affez d'hommes, dit-on,
pour fournir à une culture laborieufe &
à des fabriques abondantes. Cette erreur,
fi elle étoit fincere, feroit facile à dé-

truire. Premiérement , le fait de la difette d'hommes ne peut pas être exact ,
puifque l'on convient du bon marché de
main-d'œuvre , qui ne peut être que
l'effet de la difette d'ouvrages , ou de la
concurrence entre un affez grand nombre d'ouvriers. Secondement, l'expérience générale nous apprend qu'il y a
toujours des hommes par-tout où ils trouvent de l'occupation qui les fait fubfifter
commodément : leurs familles qu'il font
en état d'élever, les multiplient avec cé-
lérité ; les Etrangers les préviennent encore , en adoptant cette nouvelle patrie ;
& nul pays n'eft plus cultivé & mieux
en valeur, que celui qui fournit un grand
nombre de confommateurs dans des fabriques floriffantes. Mais , dit-on, il a
fallu arrêter la trop grande étendue des
fabriques, par des Arrêts qui ont fuf-
pendu leur travail pendant le temps des
récoltes dans la Généralité de Rouen.
Cet Arrêt étoit-il bien néceffaire ? Tout
eft cultivé dans cette Généralité avec

le plus grand foin & dans le plus grand détail. Il y a donc des cultivateurs, & il ne doit pas manquer de monde pour la récolte. Cela eft fi vrai, que ces mêmes Normands, dont la récolte eft plus tardive que celles des environs de huit & dix lieues de Paris, viennent y faire la récolte avant que de travailler à la leur. C'eft un pays riche en manufactures & en fabriques, qui fournit les ouvriers néceffaires à la récolte d'un pays qui en eft prefque dépourvu : preuve certaine que l'agriculture & la fabrique fe prêtent des fecours mutuels, & que la population eft l'heureux effet de tous leurs efforts réunis.

Mais peut-être les amnufactures ne font-elles pas fi utiles en elles-mêmes ; peut-être feroit-il plus avantageux de vendre les matières premières à l'Etranger, fauf à racheter de lui les marchandifes fabriquées dont on peut avoir befoin. L'Efpagne nous en fournit la preuve, en livrant fes laines à l'Etranger ; & dans le

L iiij

fonds, ne vaut-il pas mieux avoir des cultivateurs, que des fabriquans ? Le protecteur le plus zélé de la contrebande ne pourroit pas dire mieux. Mais éclaircissons cette question, & difons que la valeur de la matière première est toujours plus que triplée par la main-d'œuvre de la marchandife fabriquée ; qu'ainfi c'est tripler les produits de l'agriculture pour l'Etat, que lui affurer le bénéfice de cette main - d'œuvre : ajoûtons qu'un fabriquant n'ôtera pas un cultivateur, mais au contraire que beaucoup de fabriquans multiplieront les cultivateurs, en animant la culture, parce qu'il faut vivre pour travailler, & que le fabriquant confomme les productions du fol, tant en vivres qu'en matières premières.

Mais l'Efpagne vend fes laines : deux raifons effentielles pour cela. La première, c'est que les pays chauds ne font pas fi favorables à la main-d'œuvre. La feconde , c'est que fa récolte en laines lui donne un grand fuperflu au-delà de

[169]

fa confommation ; & tout Etat aura
toujours intérêt de vendre le fuperflu
de fa confommation. C'eft en cela que
réfide l'intelligence d'un bon Tarif : ban-
niffez-en toute prohibition, fi cela eft
poffible, parce qu'elle ne fert qu'à exciter la contrebande, & réglez les droits
de fortie fur les matières premières, de
concert avec le Commerce, eu égard à
la quantité de la matière première, à
l'emploi qui s'en fait dans les fabriques,
& à l'extenfion dont font fufceptibles &
la culture & l'emploi. Retenir le fuperflu, feroit diminuer la culture ; livrer le
néceffaire à l'Etranger, fans une préférence pour le national, ce feroit anéantir la fabrique. Conferver l'un & l'autre,
c'eft les mettre en état de fe fournir de
mutuels fecours, dont elles ne manque-
ront pas de profiter. Notre Auteur Lorrain ne peut fe difpenfer d'en convenir
lui-même ; & dans fa dernière Lettre il
avoue que des manufactures bien ani-
mées font le bien réel d'un Etat ou

d'une Province. Si le Tarif reporté à la
frontière extrême doit produire cet effet,
comme il l'a produit dans tous les lieux,
foit nationaux, foit étrangers, qui ont
vu croître & élever leur commerce à
l'abri des Tarifs, la Lorraine doit defirer
de jouir des mêmes avantages, à moins
que des circonftances locales ne s'y oppofent. C'eft ce qu'il eft queftion de difcuter ; & cela peut être affez court.

Retranchons encore de l'ouvrage que
nous examinons, le détail très-long, &
qui ne fera pas contredit, des priviléges
de la Lorraine. Si le Tarif peut détério-
rer fon état, il eft inutile d'y oppofer
fes priviléges : l'intention ne peut être
que de la favorifer ; & le fait une fois
prouvé, que le Tarif lui eft contraire,
fait tomber tout projet à cet égard. Si
au contraire il lui eft favorable, ce ne
peut pas être l'intérêt de quelque particulier décoré de la défenfe des priviléges, qui doit l'engager à refufer fon bien.
Ces prejugés pernicieux ne peuvent en-

trer, & encore moins fubfifter dans l'efprit d'un citoyen & d'un véritable patriote. Il fuffit d'être inftruit pour les
abandonner. Nous avons prouvé qu'un
bon Tarif étoit l'intérêt réel de toute
nation. L'expérience doit nous avoir
convaincus par-tout de ces principes; &
le fuccès de quelques réformations faites
en différens temps dans les Tarifs imparfaits de la France, en ont mis la
preuve fous nos yeux. Ainfi un bon Tarif bien travaillé dans l'intérêt du commerce, eft l'intérêt réel de la Lorraine.
Celui qu'on propofe eft-il dans ce cas?
On l'efpére : c'eft certainement l'intention de tous ceux qui y ont travaillé.
Se font-ils trompés? Ils ne confultent
par-tout, que pour en être inftruits parfaitement & en détail, & pour fe réformer. Dans ces circonftances, font-ce
les priviléges qu'on peut oppofer? Non,
car ce feroit un abus intolérable, que
de fe fervir du prétexte de fes priviléges, pour refufer fon bien. Qu'on pré-

fente des obfervations fages & bien fondées, tendantes à réformer le Tarif, &
à le rendre encore plus utile au commerce, qu'on les préfente avec cette
douceur & cette fimplicité, compagnes
inféparables de la vérité & du patriotifme, on fera fûr d'être écouté : mais
chercher à faire valoir bien haut des priviléges, dans le temps que, loin de les
attaquer, il n'eft queftion que de faire le
bien du privilégié, c'eft manquer à-la-
fois & au patriotifme & à la confiance
qu'on doit avoir pour une adminiftration
qui préfente & confulte un projet fi ouvertement & dans tous les détails.

Qu'entend-on par ce reproche fi fouvent répété, qu'on veut affimiler la Lorraine à la France ? Quoi ! il fuffira qu'un
réglement utile ait lieu en France, pour
qu'il foit rejetté en Lorraine ? Les gens
fages & les véritables patriotes penfent
bien autrement. Les Anglois font fouvent nos ennemis, & toujours nos rivaux
en matière de commerce ; cependant

nous ne refufons pas de prendre chez eux les connoiffances, les inftructions & même les régles qui peuvent nous être utiles. Tâchons de ne pas imiter mutuellement nos vices; mais faifons tous nos efforts pour nous reffembler par nos vertus. Ce feroit tomber dans la critique, que d'en dire davantage fur cet objet.

Revenons au point effentiel : c'eft l'avantage de la Lorraine. Nul pays riche fans manufactures, & nulles manufactures floriffantes fans Tarif. Ces deux vérités conftantes ont été établies de la manière la plus folide dans les deux premiers Chapitres de cet Ouvrage. L'Auteur Lorrain en convient : il avoue formellement la première dans fa quatorziéme Lettre, & ne difpute pas la feconde, qu'il nieroit en vain , puifqu'un bon Tarif n'eft fait que pour laiffer libre l'exportation des marchandifes fabriquées, & gêner l'importation des marchandifes nuifibles ou concurrentes dans la confommation intérieure. Si c'eft un bien ineſtimable d'avoir des fabriques floriſſantes, ſi un bon Tarif eſt eſſentiel-lement utile pour cet objet, il ne reſte plus que deux points à vérifier : le pre-mier, ſi le pays eſt ſuſceptible de manu-factures ; le ſecond, ſi le Tarif qu'on propoſe eſt véritablement bon & avan-tageux pour le commerce.

La Lorraine eſt-elle propre à l'éta-bliſſement des manufactures ? Pour en juger, prenons les principes mêmes qu'on préſente. Pour que des fabriques puiſ-ſent s'établir avec avantage, il convient, 1°. que les matières premières ſoient abondantes ; 2°. que la main-d'œuvre ſoit à bas prix ; 3°. qu'il y ait des dé-bouchés faciles & multipliés ; 4°. que la population ſoit nombreuſe.

Nous n'irons pas bien loin pour ſavoir que la Lorraine eſt dans un cas très-fa-vorable pour les deux premières condi-tions. On nous inſtruit qu'elle ſe ſuffit à elle-même pour les toiles & les gros draps de ſa conſommation, qu'elle en

débouche même en France & à l'Etranger : nous favons qu'elle a beaucoup de
tanneries ; & cependant on nous attefte
qu'elle vend des cuirs verds, des chanvres, des lins & des laines brutes à l'E-
tranger. Elle a donc en abondance des
matières premières , qui ne peuvent
qu'augmenter dans une culture animée
par la confommation. La main-d'œuvre
en général eft à bon marché en Lorraine ; & cela ne peut guère être autrement dans un pays qui fournit peu de
travail. Au refte, dans le commencement des établiffemens, la main-d'œuvre ne peut guère manquer d'être un peu
chère : il faut faire venir des ouvriers
pour inftruire les habitans du pays ; ce
qui coûte beaucoup : l'ouvrier novice ne
débite pas lui-même beaucoup d'ouvrage ; ce qui le rend cher ; & quoique le
prix de la journée foit quelquefois plus
haut, dans la fuite la main-d'œuvre re-
vient à meilleur marché , à raifon de la
quantité d'ouvrage produit par cette

journée : c'eſt par-ià que la fabrique de Rouen & autres ſe ſoutiennent avantageuſement dans un pays où le prix de l'homme de journée eſt plus cher que dans bien d'autres ; & le ſuccès des fabriques de Sedan eſt une preuve que dans le voiſinage de la Lorraine , le prix de la main-d'œuvre eſt favorable aux manufactures.

La facilité & la multiplicité des débouchés ne ſont pas les mêmes dans tous les pays de fabrique : il eſt certain que les ports de mer & les grandes rivières navigables les facilitent conſidérablement ; mais beaucoup de manufactures proſpèrent, quoiqu'elles ne ſoient pas dans un cas auſſi favorable. Sedan qui porte ſes draps dans toute la France , & même beaucoup à l'Etranger, n'a ni mer, ni navigation facile de rivières : tous ſes tranſports ſe font par terre. On en citeroit beaucoup d'autres exemples; & à l'égard de la Lorraine, il ſuffit qu'elle convienne du débouché de ſes matières

premières,

premières, pour assurer qu'elle expor-
tera plus facilement ses marchandises
fabriquées. Elle annonce qu'elle a actuellement le débouché facile de l'un &
de l'autre ; mais elle craint de le perdre.
Pourquoi ? Le Tarif ne lui ôte pas son
exportation, puisqu'il est fait dans l'intérêt du commerce ; & pour faciliter
cette exportation, il y ajoûtera le débouché de la France, par la suppression
des Bureaux qui la séparent de l'intérieur. Ainsi les débouchés qui lui suffi-
sent actuellement, de son aveu, étant
augmentés, ne peuvent manquer de donner beaucoup de ressort à ses fabriques.
Mais, dira-t-on, le commerce de la Lorraine se fait par échange avec l'Etranger, & il ne voudra pas le faire autrement. Rien n'empêche que ce prétendu
commerce d'échange ne continue en
Lorraine : mais elle employera dans cet
échange les marchandises fabriquées au
lieu de matières premières, & il lui sera
plus avantageux. Faites de la marchan-

M

dife bonne & à un prix modéré dans fa qualité , & foyez fûr de la confommation. Lyon , le Languedoc, Rouen & beaucoup d'autres lieux de commerce ont des débouchés & des fabriques très-animées avec l'Etranger. La Lorraine en fera de même , & elle le fera avec d'autant plus de facilité, que, fuivant notre Auteur Lorrain lui-même , les draps de la fabrique de Sainte-Marie, en Lorraine, peuvent concourir avec ceux du Nord; qu'on peut imiter ceux d'Angleterre, & les établir à meilleur marché par la fuite, attendu, dit-il, qu'on a les matières premières équivalentes , & la main-d'œuvre à plus bas prix. Il entre enfuite dans le détail d'un nombre d'autres manufactures exiftantes, & foutient que, pour la toile, la Lorraine peut fuffire à fa confommation. Ne réfulte-t-il pas de tous ces faits, que la Lorraine eft très - fufceptible de manufactures; qu'elles y ont même déja germé fans fecours , & qu'elles n'attendent que le

bénéfice d'un bon Tarif pour croître &
multiplier ? Auffi eft-ce le cri du peuple
& du fabriquant : fera-t-il étouffé par le
cri de la contrebande ? Mais, dira-t-on,
elle ne fe fera pas moins, & le Contrebandier Etranger remplacera le Contrebandier Lorrain, pour introduire en
France les marchandifes étrangeres, en
fraude des prohibitions ou des droits exclufifs. Laiffez-le faire ; commencez par
être plus riche & moins criminel, & vous
verrez bien-tôt que votre travail & vos
richeffes oppoferont à la contrebande
étrangere une barrière encore plus forte
que celle des Bureaux qui feront repor-
tés à votre frontière extrême.

Notre Auteur femble faire peu de cas
de la fuppreffion de la barrière qui fépare
la Lorraine des Provinces de l'intérieur,
ainfi que des Bureaux qui l'environnent
du côté de l'Alface & des trois Evêchés :
il craint même que l'induftrie Lorraine
ne foit étouffée par la concurrence de
l'induftrie Françoife. Mais, 1°. on fup-

prime plufieurs droits, pour n'en impô-
fer qu'un feul plus modéré en général,
& mieux combiné dans l'intérêt du commerce : c'eft un avantage certain, à l'é-
vidence duquel il eft impoffible de fe
refufer.

2°. Cette barrière plus douce en général, & également favorable à l'agriculture & au commerce, bien loin de
nuire à la Lorraine, ne fait que la défendre contre les concurrens les plus
dangereux. En effet, la France elle-même qu'on voudroit faire redouter à la
Lorraine, a befoin du fecours des Tarifs, comme toutes les autres Nations,
pour fe défendre en certains cas. C'eft à
l'abri de ces fecours, que fon commerce
& fes manufactures, que fon agriculture
& fa population fe foutiennent, malgré
les pertes occafionnées par les guerres,
& même prennent de nouveaux accroif-
femens. Quoi ! la Lorraine craindroit la
France, tandis qu'elle fe livre en aveugle à la concurrence de l'Etranger, dont

la France elle-même eſt obligée de ſe défendre ? Cela n'eſt pas poſſible à imaginer ; & s'il falloit encore de nouvelles preuves dans le fait, notre Auteur nous les fourniroit : de ſon aveu, la Lorraine fournit actuellement à la France des toiles & des étoffes fabriquées, quoiqu'elle ſoit obligée d'acquitter des droits qui, ſelon lui, montent ſouvent à dix pour cent. Quelle faveur pour ces marchandiſes & autres de même eſpéce, que la ſuppreſſion de ces droits ! Refuſer cet avantage, c'eſt renoncer à un débouché avantageux & démontré tel, pour conſerver l'idée d'un autre, pénible, laborieux, qui vous prive de vos matières premières, attaque directement vos fabriques ; &, par contre-coup, votre agriculture : c'eſt renoncer avec perte au titre de concitoyen, pour prendre la qualité d'Etranger, & ſe mettre néceſſairement dans le cas d'être traité abſolument comme tel ; car ce n'eſt ſûrement pas ſérieuſement qu'on propoſe,

M iij

ou du moins qu'on infinue l'idée de faciliter encore les portes , qui, dans l'état
actuel , font prefque ouvertes entre la
Lorraine & l'Etranger , & d'ouvrir celles
qui la féparent d'avec la France. C'eft
propofer ouvertement pour la Lorraine ,
le privilége exclufif de la contrebande
& de la fraude des droits prohibitifs ;
c'eft facrifier toutes les Provinces du
Royaume à la Lorraine feule ; c'eft fupprimer, pour ainfi dire, tous les autres
Tarifs , & mettre le défordre par-tout.

Il ne me refte plus à parler que de la
population : je ne répéterai rien de tout
ce qui a été dit à cet égard. Le bon état
de la population de la Lorraine a été
prouvé ; & il a été démontré d'ailleurs ,
& par les principes & par l'expérience ,
que les efforts réunis de l'agriculture &
de la fabrique étoient feuls capables de
porter cette population auffi loin qu'il
eft poffible, par les fecours qu'elles fe
prêtent mutuellement ; & il réfulte de
tout ce que nous venons de dire , que la

Lorraine eſt dans une des poſitions des plus favorables pour établir & voir proſpérer des fabriques nombreuſes.

Il ne reſte donc plus qu'un point à éclaircir, qui eſt de ſavoir ſi le Tarif qu'on propoſe eſt travaillé & exécuté dans le véritable intérêt du commerce : c'eſt ſur quoi notre Auteur ne nous donnera aucunes lumières; car il ne s'eſt pas donné la peine de l'examiner : c'eſt cependant le ſeul point difficile & véritablement eſſentiel. Un bon Tarif n'eſt point une opération de finance : ſi on ne ſongeoit qu'aux produits, des droits médiocres, & répétés dans la communication des Provinces, rempliroient facilement cet objet; mais c'eſt une opération principalement de commerce. C'eſt dans cette vûe que le nouveau projet a été conçu, travaillé & exécuté; c'eſt pour remplir plus ſûrement ces vûes, qu'on l'a communiqué à tous les Intendans, aux Chambres de Commerce, à leurs Députés au Bureau du Commerce, &

M iiij

aux plus grands Négocians ; dont les connoiſſances plus épurées ſont capables de donner les lumières les plus utiles : c'eſt après avoir raſſemblé des avis auſſi importans, qu'on ſe propoſe de faire un nouveau travail pour concilier ces avis, & les faire ſervir de fondement à une loi qui n'eſt faite que pour le bien & l'avantage de toute la Nation. L'intérêt particulier de quelques citoyens ſeroit-il aſſez aveugle pour s'y oppoſer ouvertement ? Au lieu de ſe déclarer ainſi les ennemis du bien général, pourquoi ne cherchent-ils pas à y contribuer par leurs connoiſſances & leurs avis ſur la réformation du Tarif ? L'empreſſement avec lequel on paroît les chercher, eſt un garant ſûr du bon accueil qu'on leur fera.

On n'en dira pas davantage : on craindroit de ſe perdre dans des détails où l'Auteur Lorrain s'eſt peut-être égaré lui-même ; il ſuffit, pour le prouver, de relever les contradictions dans leſquelles il eſt tombé. Ce n'eſt point à titre de

Critique qu’on en raſſemble ici une partie ; mais on craindroit quelques repro-
ches de n’avoir pas épuiſé tous les détails ; & quoiqu’on y ait ſuffiſamment
répondu par l’établiſſement des principes & l’application de ces principes à la
ſituation particulière de la Lorraine, on
a cru devoir montrer qu’il eût été auſſi
aiſé de répondre aux plus petits détails,
ſi l’on eût cru qu’il fût utile d’y deſ-
cendre.

C’eſt ainſi qu’il parle à la page 279 :
*Nous ne ſommes pas au moment de parler
de ManufaAures, ni d’un travail induſtrieux
auquel nous n’avons point de bras à offrir.*
Mais il avoit dit, à la page 102, que la
Lorraine peut ſe ſuffire à elle-même. Il
fait dans cet endroit le détail de toutes
les productions du ſol ; il fait enſuite le
détail de ſes manufactures dans les pages 107, 140 & 141. Il avoit dit, page
108, que la Lorraine n’a beſoin que *de
quelques étoffes de laine & de ſoye, quelques
teintures éclatantes & des épiceries dont on a*

fu se passer. Il avoit dit ailleurs que le Lorrain en général est propre aux manufactures, qu'il est laborieux & frugal. On voit, par ce qu'il dit aux pages 105 & 107, que les vignerons & les pasteurs ont du temps que leur laisse leur travail ordinaire, & qu'ils employent utilement au travail des manufactures. Enfin on trouve à la page 312, que la main-d'œuvre est à bas prix à Nancy, & qu'une ouvrière qui file de la laine ou du chanvre, se contente de quatre sols par jour: encore dit-il, dans un autre endroit, pages 409 & 410, qu'il y a de la maladresse aux Lorrains dans leur attachement à faire fabriquer dans une Ville, à la vérité, la première de la Province, mais où la main-d'œuvre est plus chère. Il n'est guère possible d'affirmer plus positivement la difficulté d'établir des manufactures, & de prouver plus disertement le contraire.

Dans plusieurs endroits, il semble craindre pour les manufactures de Lor-

faine, la rivalité des manufactures étrangeres, & particuliérement de celles de
France : mais il a dit à la page 126,
qu'*on ne reçoit de lEtranger que des matières premières, & qu'on ne leur envoye que
des denrées ou des marchandifes fabriquées.*
Il ajoute aux pages 336, 337 & 338,
que les Lorrains peuvent imiter ou remplacer les étoffes de laine qu'ils tirent
de l'Etranger, & qui fe réduifent à quelques ferges d'Allemagne & à quelques
draps du Nord. Il confirme cette opinion,
en difant que les ferges d'Allemagne diminuées de qualité , font aujourd'hui
remplacées par des ferges façon d'Au-
male, fabriquées en Lorraine ; qu'à l'é-
gard des draps du Nord, ils ont des laines équivalentes pour les faire, & que
leur main-d'œuvre eft à meilleur marché.
Il dit ailleurs que les draps de Sainte-
Marie font très-propres à faire oublier
les draps du Nord; qu'il ne leur manque
plus que quelques perfections dans la fabrication & dans les apprêts. On trouve

à la page 122, que la Lorraine ne confomme pas pour cent mille francs de
toiles de Suiffe, &, page 139, qu'elle
ne confomme pas quinze piéces de tôile
de Hollande. En voilà affez pour détruire
lui-même la concurrence étrangere qu'il
fembloit tant redouter : il réuffit encore
mieux vis-à-vis la concurrence Françoife, malgré l'état actuel des droits confidérables que payent les marchandifes
de Lorraine entrantes en France, quand
il dit, page 409, que les étoffes de laine
fabriquées en Lorraine, pourroient, fans
aucune innovation dans les droits établis, s'introduire en France. Les draps
de Sainte-Marie vont en Franche-Comté, & les eftamets de la grand'-Ville
vont jufqu'à Paris, ainfi que les toiles
de Commercy.

S'il dit, dans plufieurs endroits, que
tous ces établiffemens de manufactures
dérangeroient le commerce d'échange
entre l'Etranger & la Lorraine, il affure
à la page 151, que, quand on ne tire-

roit des Hollandois ni fucres, ni épiceries, ils tireront toujours les aciers, les
fers & les bois de Lorraine. A la page
140, au fujet du commerce de Francfort, il dit que les toiles de Cloître ne
font pas un objet de deux cens piéces,
& qu'en général il y a beaucoup d'articles négligés, depuis qu'il fe fabrique
des draps à Sainte-Marie, des ferges à
Nancy, &c. & il ajoute, page 141, que
les dentelles de Mircourt font annoncées
à la Foire prochaine comme un objet
de deux cent mille francs.

S'il prétend prouver dans fa fixiéme
Lettre, page 149 & autres, par rapport
aux voitures, que ce font les profits répétés de l'allée & du retour fans charge
morte, qui mettent les voituriers en état
de faire auffi bon marché, fur-tout relativement à la Suiffe, il a eu foin de nous
inftruire, page 122, que ce que fournit
la Suiffe eft très-peu de chofe; à quoi
l'on peut ajouter que cela eft très-heu-
reux, parce que les marchandifes de la

Lorraine fournit à la Suiffe, étant à bon
marché & d'un grand encombrement,
la Lorraine feroit ruinée, fi les voitures
revenoient chargées pour fon compte
des marchandifes de Suiffe, qui font plus
chères & moins pefantes. A l'égard des
Liégeois, il affure qu'ils voiturent eux-
mêmes, apportent leurs marchandifes,
& remportent des vins de Bar; & il convient que les Hollandois tireront toujours les aciers, les bois & les fers, pages 150 & 151.

Enfin, dans les pages 109, 110 &
111, il foutient que la Lorraine n'a
dans fon fonds aucun objet de commerce actif avec la France, de qui elle
tire fes meubles, fes habillemens & autres marchandifes : mais dans le même
endroit il convient que la France fait
accueil aux laines, aux beftiaux, aux
cuirs verds, aux planches & aux fers de
Lorraine, c'eft-à-dire, aux matières premières ; &, page 409, qu'elle tire les eftamets de Grandville & les toiles de

Commercy. Mais arrêtons-nous : un plus long détail feroit critique, & ce n'eſt point notre intention ; finiſſons feulement par une réflexion fondée fur les dernières citations, & qui jettera peut-être quelques rayons de lumières fur la matière que nous traitons. La Lorraine fournit des matières premières à la France : c'eſt donc un pays défendu par des Tarifs, qui fabrique les productions d'un pays qui a ſa communication libre avec l'Etranger : cependant le peuple eſt nombreux & induſtrieux en Lorraine ; la main-d'œuvre y eſt encore à meilleur marché qu'en France ; & toute la différence qu'il peut y avoir entre la Champagne & la Lorraine, c'eſt que cette dernière eſt en proie aux marchandiſes fabriquées à l'Etranger ; au lieu que la première, défendue par des Tarifs même fort imparfaits, proſpére à leur abri, malgré les inconvéniens conſidérables qui réſultent de l'état préſent. Tel eſt le ſiniſtre effet de ces entrepôts tant vantés de marchandifes étrangeres, qui rendent le voifinage de la Lorraine fi préjudicia- ble, & contre lefquels il eft impoffible de ne pas prendre de précautions ; ils commencent par écrafer la Lorraine ; & la fortune de quelques contrebandiers fait la ruine entière de la Province. Au refte, c'eft en faveur de la Lorraine qu'on eft entré dans une difcuffion auffi éten- due ; & on lui diroit volontiers, optez ! fi vous acceptez le Tarif, il n'eft pas douteux que vous ferez votre bien, & on le defire pour l'amour de vous ; fi vous le refufez, il n'aura pas moins lieu pour le refte de la France ; vous ferez Pro- vince étrangere, fujette à la foraine, aux prohibitions qui doivent y être obfervées & féparées des Provinces voifines qu'on tâchera de défendre contre vous comme contre l'Etranger. C'eft la conféquence néceffaire de l'égalité de protection que le Souverain doit à fes Sujets. Mais que la Lorraine fe confulte bien avant cette option ; qu'elle ne fe laiffe pas aller aux

cris

cris de l'intérêt particulier de quelques magaſiniers qui ne méritent le nom ni de Commerçant, ni de Négociant. Ces cris plus à portée d'être entendus, & d'autant plus vifs, qu'ils craignent ſouvent d'être approfondis, ne doivent pas ſeuls être écoutés : il faut entendre le peuple, les colons & les fabriquans ; c'eſt leur intérêt qui eſt le véritable intérêt de la Province, & en général de tout Etat & de toute Nation. Nous croyons avoir démontré que le Tarif étoit utile, & même preſque néceſſaire pour aſſurer leur ſuccès. Que nous oppoſe-t-on ? Mille Marchands en gros ou en détail. Mais qu'eſt-ce que mille habitans, en comparaiſon d'un peuple d'agriculteurs & de fabriquans ? D'ailleurs commençons par en retrancher le plus grand nombre. Les Marchands détaillans fourniront toujours au détail la marchandiſe qui ſe conſommera : la nature de cette marchandiſe leur eſt indifférente ; il leur eſt même plus avantageux de conſommer

N

des marchandifes nationales, parce qu'il leur eft plus facile de s'affortir & de fournir toujours aux befoins du confommateur, fans être obligés de faire de fi gros magafins. Retranchons encore le véritable Négociant; les Foires n'en feront pas moins fréquentées : plus les fabriques de Lorraine leur fourniront de marchandifes, plus elles lui demanderont de matières premières & autres chofes néceffaires à leur travail, & plus le commerce de ces Négocians fera animé. Il ne refte donc plus qu'un petit nombre de contrebandiers & de fraudeurs. *Cadit perfona, manet res.* Je ne répéterai rien à leur égard : mais méritent-ils d'être écoutés, & encore moins d'étouffer les gémiffemens de ce peuple précieux de colons & de fabriquans.

On a tâché d'établir dans un premier Chapitre, l'utilité des Tarifs en général. On a expofé dans le fecond Chapitre, toutes les qualités que doit avoir un bon Tarif, pour être effentiellement

utile. Après avoir reconnu dans le troisiéme Chapitre, tous les vices & tous les
inconvéniens des Tarifs actuellement
existans en France, nous avons reconnu
dans le quatriéme, que le nouveau projet du Tarif unique & uniforme qu'on
propose, y apportoit les remédes les
plus utiles, & paroissoit le plus conforme qu'il est possible aux principes qui
constituent toute l'utilité des Tarifs. Enfin, aprés avoir prévu que le préjugé,
l'intérêt personnel, ou même des circonstances locales pourroient former des
obstacles à l'exécution d'un projet aussi
utile, nous avons tâché de les lever, en
discutant les écrits qui sont venus à notre
connoissance sur cette matière; & nous
croyons avoir répondu solidement à
leurs objections. Il ne nous reste plus
qu'à desirer que cet Ouvrage puisse remplir le but que nous nous sommes proposés, c'est-à-dire, puisse contribuer à
l'éclaircissement d'une matière qui communément n'est pas bien connue, que

les vicès de l'état actuel rendent peu favorable, & contre laquelle en général on doit être prévenu, tant que l'on ne considérera que les défauts exiſtans, & qu'on n'élévera pas ſes vûes juſqu'à la connoiſſance entière de l'objet, & aux moyens néceſſaires à prendre pour la réformation de l'état préſent. Nous nous croirons heureux, ſi cette diſcuſſion peut être au bien utile de notre patrie, & nous nous flatterons en même temps d'avoir ſervi les deſirs d'un Souverain qui ne cherche que le bien de ſes Sujets & les vûes d'un Miniſtère dont le travail aſſidu ne tend qu'à un objet ſi déſirable.

F I N.

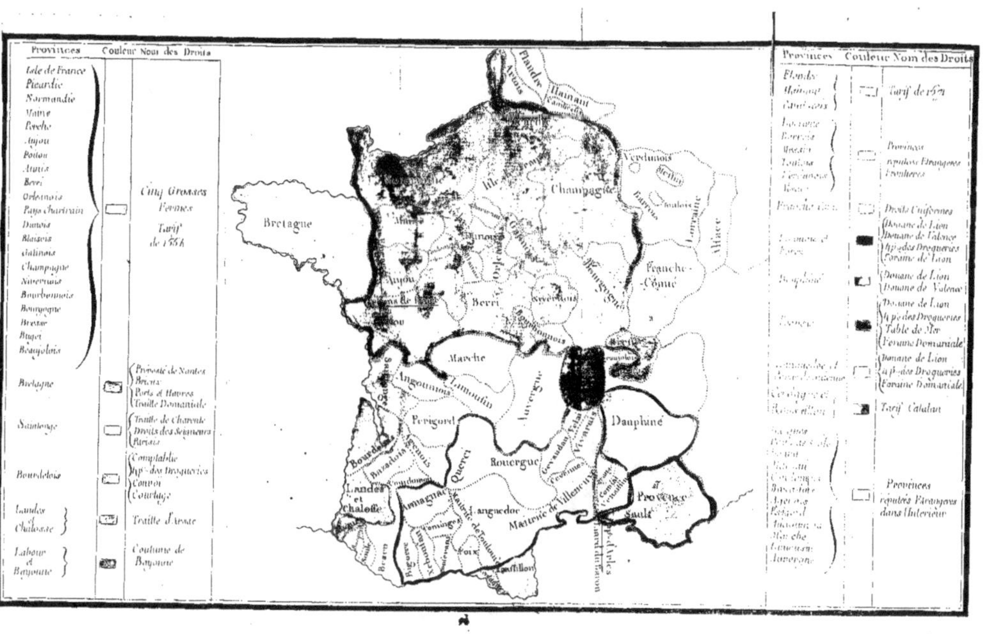

Provinces | Couleur | Nom des Droits
Isle de France
Picardie
Normandie
Maine
Perche
Anjou
Poitou
Aunis
Berri
Orléanois
Pays Chartrain
Dunois
Blaisois
Gatinois
Champagne
Nivernois
Bourbonnois
Bourgogne
Bresse
Bugei
Beaujolois
Cinq Grosses Fermes
Tarif de 1664
Bretagne
Prévôté de Nantes
Brieux
Ports et Havres
Traitte Domaniale
Saintonge
Traitte de Charente
Droits des Seigneurs
Parisis
Bourdelois
Comptablie
Imp. des Drogueries
Convoi
Courtage
Landes et Chalosse
Traitte d'Arsac
Labour et Bayonne
Coutume de Bayonne
Bretagne
Marche
Angoumois
Périgord
Bourdelois
Bazadois
Agenois
Condomois
Armagnac
Landes et Chalosse
Quercy
Rouergue
Auvergne
Dauphiné
Languedoc
Maîtrise de Villeneuve
Provence
Sault
Roussillon
Provinces | Couleur | Nom des Droits
Flandre
Hainaut
Cambresis
Tarif de 1671
Lorraine
Barrois
Alsace
Toulois
Verdunois
Metz
Provinces réputées Etrangeres Frontieres
Franche-Comté
Droits Uniformes
Lionnois et Forez
Douane de Lion
Douane de Valence
Imp. des Drogueries
Foraine de Lion
Dauphiné
Douane de Lion
Douane de Valence
Provence
Douane de Lion
Imp. des Drogueries
Table de Mer
Foraine Domaniale
Languedoc et Haut Languedoc
Douane de Lion
Imp. des Drogueries
Foraine Domaniale
Cerdagne et Roussillon
Tarif Catalan
Provinces réputées Etrangeres dans l'Interieur

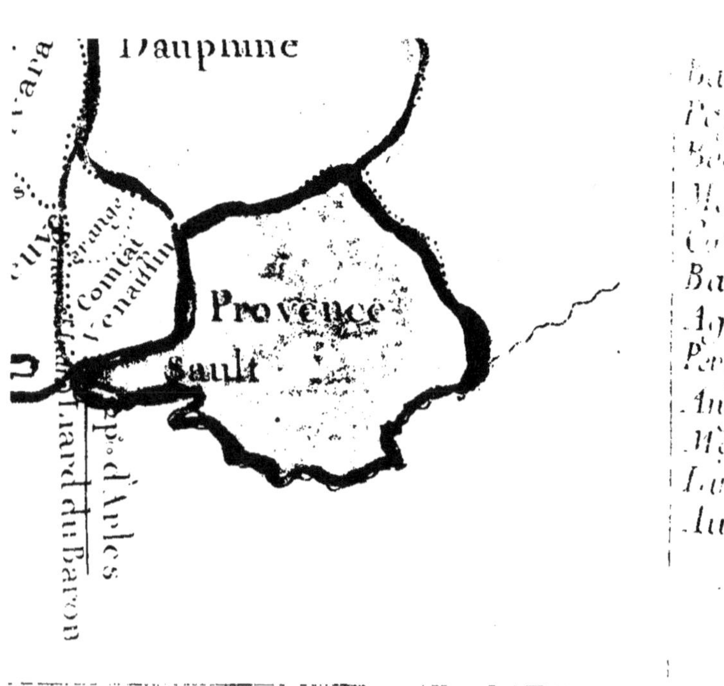
ara
Dauphiné
uve
grand
Comtat
Venaissin
Provence
Sault
p.d'Arles
Liard du Baron
basques
Pays de
Béarn
Marsan
Condom
Bazadois
Agenois
Périgord
Angoumois
Marche
Limousin
Auvergne

JOURNAL DE COMMERCE.

Suite des Confidérations fur les Finances & le Commerce de France.

DES TARIFS.

LES tarifs des droits d'entrée & de fortie ne furent d'abord chez toutes les nations qui en adopterent l'ufage, que des loix purement burfales. L'impôt en fut le feul objet, & l'on n'a vu que fort tard que l'impôt détruifoit fans cefle la fource même de l'impôt. On s'en eft apperçu à mefure que les connoiffances du commerce fe font accrûes, & qu'on a fenti l'étendue & l'importance de fes intérêts. Mais la marche de l'efprit d'adminiftration a été fort lente chez les nations même les plus éclairées. Si d'un côté les intérêts de la finance, les befoins publics n'ont pas permis la fuppreffion des tarifs ; de l'autre, la fituation du commerce en général eft devenue telle, que les intérêts du commerce ont exigé l'entretien des tarifs chez les nations commerçantes. Les tarifs font même devenus un moyen nécessaire pour élever le commerce chez les nations qui n'en ont point.

La science de la nation la plus habile dans le commerce, consiste donc aujourd'hui à se donner un tarif qui favorise sa culture & son industrie, qui tourne l'importation & l'exportation des denrées & des marchandises à son avantage, & à le varier suivant que l'exigent sa situation & celle des nations voisines. Si l'on se permet encore de regarder un tarif du côté de la finance, on rejette sévérement toute vûe d'intérêt de finance qui tend à la destruction du commerce. On ne perd jamais de vûe ces maximes, que tout ce qui favorise le commerce, rend la source de la finance plus abondante; qu'en multipliant les sorties & les entrées, on multiplie les droits, on augmente les revenus publics; que des droits trop hauts les détruisent.

Le fort du commerce dépend en quelque sorte des tarifs. Les droits d'entrée servent à établir la réciprocité presque toujours très-nécessaire avec les autres nations ; à favoriser l'industrie nationnale, à réprimer les importations ruineuses. Il n'y a peut-être point de loi qui exige autant de combinaisons, autant de connoissances politiques & d'un si vaste détail ; la plus légere erreur de combinaison peut coûter des millions à l'état, & chez les nations les plus instruites, les tarifs font encore très-imparfaits.

(3)

Comme le commerce eſt par ſa nature ſujet
à des révolutions continuelles, il eſt indiſpenſable de faire des changemens dans les tarifs.
Le Légiſlateur doit avoir continuellement les
yeux ouverts ſur la ſituation intérieure & extérieure du commerce, ſur les loix des autres nations, ſur leurs nouveaux établiſſemens, en un
mot, ſur tous les progrès de leur induſtrie &
de leur commerce.

Il n'eſt pas étonnant que le commerce de la
France ſe trouve accablé du poids des tarifs
trop multipliés dont l'exécution a toujours été
dans les mains des Fermiers ſans ceſſe occupés
des moyens d'accroître les droits de la finance
aux dépens de l'agriculture, de l'induſtrie &
du commerce. Il y a longtems qu'on ſent en
France que les tarifs y font perdre au commerce & à l'induſtrie infiniment de leur activité.
Les embarras de la guerre n'empêchent pas le
Miniſtère de chercher aujourd'hui les moyens
d'y remédier. A l'exemple de M. Colbert, il
conſulte les négocians. Celui qui nous a prié
d'inſérer dans notre Journal ſes obſervations
ſur une matière ſi importante, a lieu de ſe flatter d'avoir fait une démarche agréable au Miniſtère, en publiant un ouvrage utile à ſa pa-
rie. Rien n'eſt plus intéreſſant d'ailleurs pour
le commerce des autres nations, que le tableau
& l'examen des précautions que prend le Gouvernement François pour rendre le commerce
de France floriſſant, & pour écarter les obſtacles que la finance a mis à ſes progrès.

*Copie de la Lettre de M.ʳ. le Controlleur Général, écrite à M. le Bret, Intendant de Bretagne,
en date du 8 Avril 1761.*

MONSIEUR,

IL y a bien longtems que l'on s'eſt apperçu des
mauvais effets qui réſultent pour le commerce, ſoit
intérieur, ſoit étranger, de la multiplicité des droits
des traites d'entrée & de ſortie, & des douanes ſucceſſivement établies dans le royaume.

OBSERVATIONS.

Il y a bien longtems effectivement, ainſi
que le reconnoît M . le Controlleur général,
que le commerce intérieur & extérieur ſe trouve gêné dans ſes opérations & dans ſa circulation, par la multiplicité des droits ſucceſſivement établis aux entrées & ſorties du royaume.
Il eſt tems de remédier aux inconvéniens fâcheux qui en réſultent ; d'accorder au commerce cette liberté qui lui eſt ſi néceſſaire, &
ſans laquelle il ne fait que languir ; de diminuer les frais de régie des cinq groſſes fermes,
par la ſuppreſſion des douanes & des commis
ſuperflus, que les fermiers ont trouvé l'art de
faire établir dans pluſieurs provinces du royaume, & de rendre à la ſociété une infinité de
citoyens qu'ils en ont retirés. C'eſt pour répondre à l'invitation bienfaiſante d'un Miniſtre
auſſi zélé pour les intérêts du Roi, que pour le

bien du commerce, que l'on se permet de faire quelques observations sur sa dépêche, concernant le projet d'un tarif général, ou d'un droit unique, percevable aux frontières extrêmes du royaume.

M. Colbert a remédié en partie à ces inconvéniens par les tarifs de 1664 & 1667, dont le premier a réuni en un seul droit tous ceux qui se percevoient précédemment ; mais il ne put alors lui donner d'effet que pour les seules provinces appellées des cinq grosses fermes. Le tarif de 1667, qui a été suivi d'un grand nombre de réglemens particuliers, a établi des droits uniformes aux entrées & sorties du royaume, relativement à ce que l'on a cru que l'utilité du commerce pouvoit exiger ; mais ce tarif & les réglemens postérieurs, ne comprennent qu'un très-petit nombre de marchandises.

Observations.

Ce grand ministre, dont la mémoire sera toujours chère aux bons françois, fit rédiger les tarifs de 1664 pour les provinces des cinq grosses fermes, qui réunissoient en un seul droit tous ceux précédemment perçus, & celui de 1667 pour les provinces réputées étrangères. Par ce moyen il supprima une quantité prodigieuse de droits de toute nature, que la cupidité des fermiers avoit fait établir de tous côtés, pour, disoient-ils, favoriser le commerce : prétexte dont on s'est encore servi depuis dans les augmentations de droits qui ont eu lieu jusqu'à préfent. Mais la fuppreffion ne fut point générale, ainfi qu'elle étoit annoncée. Tous les engagiftes ne furent point rembourfés ; & s'il y en eut quelques-uns, on perçut au profit du Roi, malgré ces rembourfemens, les droits qui leur étoient attribués : de forte que le commerce ne fe trouva que foiblement foulagé, ou du moins les gênes ne furent point entiérement levées. Le tarif de 1667 a été, en effet, fuivi d'un très-grand nombre de réglemens, qui ont augmenté confidérablement les droits, ainfi que la régie des fermes, donné de nouvelles entraves au commerce & arrêté fa circulation dans bien des branches. On ajoutera encore fur cet article, que malgré le petit nombre de marchandifes portées dans ce tarif, cependant les fermiers n'en laiffent guère entrer ou fortir, fans leur faire payer des droits.

On a, au furplus, laiffé fubfifter tous les droits anciennement établis dans les provinces réputées étrangères ; & ces droits, ainfi que ceux des douanes, fe perçoivent fur d'anciens tarifs dont l'intelligence eft devenue très-difficile, qui fouvent différent de l'ufage, & qui donnent lieu tous les jours à des conteftations & à beaucoup d'autres inconvéniens.

OBSERVATIONS.

L'intelligence des anciens tarifs eft réellement fi difficile, qu'il eft prefque impoffible de démêler la véritable qualité des droits ; & les commis des fermes les perçoivent à leur

(7)

fantaifie. La plûpart de ces anciens droits étoient attribués à des officiers fupprimés, ainfi qu'on vient de le dire, & ne devroient plus avoir lieu. On trouve des exemples des abus dont Mgr. le Controlleur général fe plaint, dans prefque tous les bureaux établis fur les frontières réputées étrangères, & fur-tout dans ceux d'Ingrande, La-Pointe, le Pont-de-Cé & Saumur : d'ailleurs les originaux de ces anciens tarifs ont été enlevés des lieux où ils étoient dépofés, ainfi que celui de la pancarte de 1512, pour la traite domaniale de Bretagne, & les copies collationnées qui exiftent, différent les unes des autres; ce qui a effectivement caufé & caufe encore journellement des conteftations & des procès à l'infini.

Ceux qui m'ont précedé dans la place que j'ai l'honneur de remplir, fe font occupés dans différens tems du projet d'établir fur les marchandifes apportées de pays étranger, un feul droit d'entrée, & un droit de fortie fur celles qui paffent du royaume à l'étranger, percevables aux frontières extrêmes, & fur un tarif uniforme : au moyen de quoi on feroit ceffer la différence des provinces des cinq groffes fermes & de celles réputées étrangères. Toutes les douanes intérieures & tous les droits généralement affermés ou engagés par le Roi, feroient fupprimés : enforte que les marchandifes du crû du royuume, ou qui y feroient fabriquées, pourroient y circuler librement, & paffer dans toutes les provinces fans payer.

(8)

'aucuns droits, si ce n'est au moment où on les destineroit à passer en pays étranger ; & les marchandises étrangères ayant une fois payé le droit d'entrée à la frontière, pourroient y circuler aussi librement, que les marchandises nationnales.

OBSERVATIONS.

On a déja fait diverses tentatives pour réformer les tarifs de 1664 & 1667, & pour établir un droit unique d'entrée & de sortie aux frontières du royaume. Il s'est tenu pour cet effet, de 1737 à 1740, chez M. Fagon, conseiller d'état & intendant des finances, plusieurs assemblées où assisterent des fermiers généraux & des députés du commerce : l'on y résolut de supprimer entiérement tous les priviléges quelconques successivement accordés par nos rois aux provinces réputées étrangères : on travailla longtems à la confection de ce tarif. Les fermiers proposerent d'établir depuis dix jusqu'à quarante pour cent sur certaines marchandises ; mais après avoir examiné scrupuleusement ce tarif, on convint que son établissement causeroit infailliblement la ruine du commerce extérieur, de sorte qu'il n'eut point lieu. En effet il ne peut y avoir de commerce avec les côtes de Guinée & les Colonies, si les marchandises que l'on y fait passer, & celles qui en proviennent, sont assujetties à des droits. Il faut faire de grosses avances pour les armemens ; les crédits sont fort longs ; on perd en tems de paix jusqu'à sept pour cent sur

les retours de nos Isles, & pendant la guerre
on risque les capitaux, ou du moins le fret, &
les assurances absorbent tous les bénéfices que
l'on peut espérer de ces deux branches de
commerce. Quand on n'établiroit sur toutes
les marchandises propres au commerce de
Guinée & des Colonies, & sur celles qui en
proviennent, qu'un droit d'entrée & de sortie
de quatre ou cinq pour cent, ce seroit ôter
aux armateurs & négocians tout le gain qu'ils
pourroient en attendre, pour le faire passer
entre les mains des fermiers. Peu des premiers
tenteroient de pareilles expéditions, & par
conséquent ces deux branches principales du
commerce de France, tomberoient avec le
droit unique qui les auroit fait tomber. Il est
aisé de juger par-là, si les avantages que la liberté du commerce intérieur pourroit procurer, compenseroient jamais une telle perte.
D'ailleurs, on ne dit point dans ce projet si
les entrepôts subsisteront, & il y a lieu de
craindre qu'ils ne soient supprimés. Quels inconvéniens pour le commerce général de
France, qui seroit alors abandonné à la merci
des fermiers ! Quelles vexations n'auroit-on
pas lieu de craindre de leur part ! 1°. Les marchandises du crû & fabrique du royaume, en
payant des droits de sortie, soit pour la desti-
nation de Guinée ou des Colonies, ne pourront plus soutenir la concurrence avec celles
de l'étranger. 2°. L'étranger & les habitans de
nos Isles seront également favorisés à com-

mercer enfemble , au grand préjudice de l'état
& des fujets du Roi. L'étranger introduira dans
les Colonies, des Noirs & des marchandifes
de toute efpéce, à meilleur marché que les
nôtres, & les Colons gagneront le produit
des droits que leurs denrées payeroient aux
entrées de France , & encore celui de domaine d'occident (fi on le laiffe fubfifter) auquel
il leur eft aifé de fe fouftraire ; ainfi le commerce de Guinée & celui des Colonies, loin
d'être avantageux aux négocians François,
cauferoit leur ruine & feroit fûrement abandonné, furtout aux Anglois, dont toutes les
opérations pendant la derniere guerre & celle-
ci, ne tendent qu'à s'en emparer. 3°. Les
marchandifes que l'on tire de l'étranger pour
Guinée, payant des droits aux entrées, &
n'étant plus entrepofées, quelles précautions
faudroit-il prendre pour empêcher qu'elles ne
payaffent encore un droit à leur fortie ? Ne
pouvant être embarquées immédiatement à
leur arrivée , les fermiers ne voudront plus les
reconnoître & leur feront payer un double
droit. D'un autre côté, l'étranger ne fera-t-il
pas fondé à impofer des droits fur les marchandifes de France ? Que deviendront les divers
traités de commerce que l'on a fait avec les
puiffances voifines, par lefquels fi elles trouvent des avantages à commercer avec nous,
nous en trouvons auffi à trafiquer avec elles?

C'eft ce même projet que le Roi m'a ordonné de

reprendre, & de travailler à faire rédiger un tarif des droits qui seront perçus aux entrées & aux sorties du royaume, dans la formation duquel on doit avoir pour objet principal la plus grande utilité du commerce & des sujets du Roi.

OBSERVATIONS.

C'est ce même projet dont on vient de parler, que les fermiers généraux ont renouvellé & présenté sans doute sous un point de vûe favorable, aux yeux d'un Ministre qui dirige avec tant de gloire & de succès les finances du royaume. Ils en ont imposé à sa religion. Les inconvéniens de ce projet, déja rapportés, & ceux que l'on fera voir dans la suite, le prouveront évidemment ; & les sujets du Roi, loin de trouver quelque utilité dans l'exécution d'un pareil tarif, seront vexés plus que jamais, & cesseront tout commerce extérieur. Mais pourvû que les fermiers fassent une fortune prodigieuse pendant le premier ou le second bail de leur ferme, il leur importera peu ce que deviendra le commerce du royaume par la suite. Le mal sera fait, & au milieu de l'abondance, ils jouiront des dépouilles de tous les autres citoyens.

Pour faire cet ouvrage d'une maniere solide & durable, & prévenir les inconvéniens qui résultent des changemens qui surviennent dans les prix des marchandises, il a paru nécessaire de commencer par établir la proportion du droit avec la valeur de la marchandiſe : enſorte que le tarif, qui doit être invariable, fixe le droit de chaque marchandiſe à une quotité déterminée de ſa valeur ; mais en même tems, pour la facilité de la perception, on fera une évaluation de toutes les marchandiſes qui en feront ſuſceptibles en poids, meſures & nombres, leſquelles évaluations pourront être réformées à tous les renouvellemens des baux des fermes, ſoit ſur les repréſentations des négocians, ſoit ſur celles des fermiers.

OBSERVATIONS.

Le tarif propoſé (à moins qu'on n'y mette des modifications conſidérables) ne ſera ni ſolide ni durable. Il ſera ſujet à mutation plus que les tarifs de 1664, de 1667 & les réglemens qui les ont ſuivis. Par exemple, que l'on ſuppoſe l'évaluation générale faite au commencement d'une guerre, elle ſera portée à un taux exorbitant, parce qu'alors les marchandiſes ſont plus chéres. Mais la paix ſurvenant au bout de trois ans, réformera-t-on pour les trois autres années du bail, l'évaluation faite la premiere ? Le fermier y conſentira-t-il, ouplutôt les négocians auront-ils aſſez de créditpour la faire réformer ? On a la preuve du contraire dans l'évaluation qui ſe fait entr'eux & les fermiers généraux, au ſujet des trois & demi pour cent du droit de domaine d'occident. Les repréſentations des chambres & des députés du commerce ne ſont preſque jamais écoutées ; le crédit des fermiers, comme un torrent auquel on ne peut s'oppoſer, l'emporte

toujours. Cependant on conviendra que fi
cette évaluation générale fe faifoit un an avant
la guerre, le commerce y gagneroit. Mais qui
répondra que l'intérêt des fermiers fe trouvant
alors lezé en apparence, ils ne trouveront pas
auffi le moyen de la faire réformer ? Ainfi, de
quelque façon qu'on envifage cette évaluation, elle tournera toujours au détriment du
commerce.

*J'ai cru devoir commencer par faire faire un état
alphabétique des marchandifes dont on peut faire
commerce, & qui fe trouvent, foit dans les tarifs,
foit dans les états de la balance du commerce. Je vous
en envoye douze exemplaires ; & pour vous donner
l'idée de ce travail, j'ai fait ajouter à toutes les marchandifes rappellées fur la lettre A, les droits d'entrée & les droits de fortie que l'on fe propofe d'y
impofer, relativement à leur valeur. Je vous prie
d'examiner cet état alphabétique avec attention ; &
fi par hafard il y avoit quelques marchandifes connues dans votre département, qui ne fuffent pas comprifes dans cet état, de vouloir bien m'en envoyer la
note, que vous pourrez même ajouter en interligne
dans un des exemplaires imprimés que vous me ren-
verrez, furtout fi elles font de nature à être expor-
tées hors du royaume, ou à y être importées en venant de l'étranger.*

Observations.

Que les droits feront confidérablement augmentés par ce nouveau tarif, c'eft ce que les

expreſſions ci-deſſus… *que l'on ſe propoſe d'y im-*
poſer , ne laiſſent aucun lieu de douter. D'ailleurs , par des avis certains de Paris & de Rennes , on ſait qu'ils le feront d'un tiers , & même
de moitié , ſur certains articles , en ſus de ceux
portés au tarif de 1664 : les objets néceſſaires
aux armemens mêmes , n'en feront point exempts. Qu'il ſoit permis de repréſenter qu'une
pareille augmentation de droits à la ſuite d'une
guerre auſſi cruelle que celle-ci , eſt capable
non-ſeulement de diminuer le commerce , mais
de l'anéantir entiérement. En effet , les pertes
du commerce maritime ſont énormes : elles ne
ſont ignorées de perſonne : la fortune de preſque tous les négocians en eſt ébranlée ; & pour
peu qu'on leur ôte l'eſpérance de pouvoir réparer leurs malheurs à la paix , on ne verra que
faillites de tous côtés , d'où il s'enſuivra l'a-
bandon des armemens , la déſertion des étrangers , & par conſéquent la diminution des con-
ſommations & des droits du Roi. Comment ,
en effet , ſeroit-il poſſible que le commerce pût
ſe ſoutenir ſous de pareils découragemens ?
C'eſt vouloir l'interdire ; & il vaudroit autant
le défendre par une loi expreſſe. Il eſt vrai , à
la lettre , que le commerce extérieur de France
peut être conſideré comme étant entre la vie
& la mort. La main bienfaiſante du Souverain
peut encore le faire revivre ; mais on eſt forcé
de dire que de nouveaux impôts , avant qu'il
puiſſe ſe relever , le mettront infailliblement
au tombeau , ſi l'on peut parler ainſi. Quoiqu'il

en foit, pour que les places puſſent donner un
prix fixe aux différentes marchandiſes qui forment la maſſe du commerce intérieur & extérieur du royaume, il faudroit qu'elles fiſſent
toutes le négoce de ces mêmes marchandiſes.
Nous pouvons bien donner dans ce port le
prix du poiſſon provenant de nos pêches, &
celui des marchandiſes d'Angleterre : Nantes
ignore ces prix, & donnera ceux des denrées
des Colonies : Bordeaux, celui des vins, des
farines & des eaux-de-vie ; la Rochelle, celui
des pelleteries ; Marſeille, celui des marchandiſes du Levant ; Dunkerque & Bayonne, celui des tabacs étrangers, & ainſi des autres ports
qui font quelque branche de commerce particulier. Les prix généraux que toutes les chambres auront donnés, ne feront point les véritables prix des marchandiſes ; cependant il y a
apparence que de tous raſſemblés, on en for-
mera un commun ſur lequel l'évaluation générale ſera faite. Alors les cris s'éléveront de
toutes parts ; la concurrence entre les villes
maritimes ſera renverſée ; quelques-unes pourront y gagner, d'autres feront écraſées & ne
pourront plus faire aucun commerce : il faudra
pourtant qu'elles en faſſent, de quelque genre
que ce ſoit, pour payer les impôts. Enfin, que
fera-t-on pour rétablir cette concurrence ? Ce
que l'on a déja fait. Les fermiers propoſeront
des augmentations de droits dans les autres
places ; & le nouveau projet, qui, s'il a lieu,
abrogera mille loix différentes rendues ſur le

commerce depuis 1664 & 1667, en engen-
drera mille autres nouvelles, qui loin de réparer le mal, l'augmenteront de plus en plus.

*Lorsque les marchandises énoncées dans l'état al-
phabétique ne seront point du tout connues, vous voudrez en faire aussi l'observation ; parce que si elles se
trouvent pareillement inconnues dans tous les dépar-
temens, il conviendra de les retrancher du tarif. Vous
voudrez bien me faire vos observations sur les droits
d'entrée & de sortie proposés pour les marchandises qui sont énoncées sous la lettre A ; & à l'égard des
autres lettres, en suivant le même esprit qui a dirigé
l'imposition proposée pour la lettre A, vous me
proposerez vous-même la quotité des droits que vous
croirez convenable d'y imposer.*

OBSERVATIONS.

On a répondu ci-dessus à cet article. On
ajoutera seulement ici que le nouveau tarif impose sept pour cent sur les drogueries à l'entrée, & cinq aussi pour cent sur les marchandises des Colonies ; cependant les drogueries
sont indispensables pour nos fabriques & manufactures.

*Une partie essentielle du travail que je vous de-
mande, sera de distinguer dans toutes ces marchandises, celles qui seront susceptibles d'évaluation générale & constante, d'avec celles qu'il convient mieux
de laisser dans le cas de payer à l'évaluation qui s'en
fera à chaque bureau, lorsqu'elles entreront ou sorti-
ront.*

ront : *il eſt à deſirer d'en laiſſer dans cette claſſe le moins qu'il ſera poſſible.*

OBSERVATIONS.

On a déja fait voir d'avance que cette évaluation générale ne pourra jamais être exacte ; parce qu'il ſera indifférent aux places qui ne font point commerce en telle marchandiſe, d'en porter le prix plus haut ; ainſi de proche en proche, elles ſe feront un tort mutuel ſans le vouloir, & les ſeuls fermiers en profiteront. Au ſurplus, Mʳ. le Controlleur général ſent bien les fatales conſéquences qui réſulteroient pour le commerce, de laiſſer à l'arbitrage des commis des fermes, le ſoin d'apprécier eux-mêmes la valeur des marchandiſes. Si l'on ſuivoit les prix que ces derniers y donnent dans les états de récapitulation, pour former la balance du commerce, il n'y auroit pas moyen d'en faire dans aucun genre : ils portent ſouvent ces prix au double & même au quadruple de la valeur réelle des marchandiſes.

*Par rapport aux marchandiſes dont le Roi réglera l'évaluation, il faut que ce ſoit au poids brut, à la meſure ou au nombre ; & bien expliquer ce que c'eſt que le poids, la meſure & le nombre. Il ſera néceſ-ſaire d'en conſtater le prix courant * ſur le prix du*

* Il eſt d'uſage de diminuer un ſixiéme ſur le prix des marchandiſes déclarées, & quand le fermier les trouve portées à un taux trop bas, il lui eſt permis de le prendre pour ſon compte, en ajoutant un ſixiéme en ſus de la déclaration.

Seconde Partie.   B

poids, de la mesure ou du nombre, en compensant les prix les plus forts des marchandises de même dénomination & de meilleure qualité, avec ceux des qualités inférieures, & faisant un prix commun, sur lequel la perception puisse se faire facilement.

OBSERVATIONS.

Les places réclament ici la justice de sa Majesté. Quoi, l'on feroit payer le poids des futailles, des emballages, de la paille, &c. qui servent à contenir ou à préserver les marchandises ! Déballera-t-on ces marchandises pour ne payer que le droit légitimement dû ? Ne feroit-ce pas les exposer à être détériorées ? Dans quoi péser les liquides ? il faut bien quelque vaisseau pour les contenir. N'accordera-t-on plus la déduction des tarres qui sont en usage entre marchand & marchand, & que les fermiers mêmes ne refusent pas d'allouer ? Il est encore une observation importante à faire à cet égard ; c'est que les marchandises avant que d'arriver dans les places maritimes, soit qu'elles viennent de l'intérieur du royaume ou de l'étranger, sont chargées des frais de la voiture, du fret & de droits locaux ou autres qui se perçoivent aussi - bien chez l'étranger qu'en France. Par conséquent ce n'est point aux places qui font le commerce de mer, à qui il faut demander les prix des marchandises qu'elles tirent du dedans ou du dehors du royaume pour leur commerce particulier : il faudroit s'en faire instruire dans les lieux de

leurs crû ou fabriques ; alors on fauroit leur
véritable valeur, & l'on pourroit avec juftice
& connoiffance de caufe, établir le droit en
conféquence. Par ce moyen on ne payeroit
point de droits pour les emballages, ni pour
les futailles, ni pour le fret, ni pour la voiture,
ni enfin les droits des droits dont les marchandifes font chargées avant d'arriver dans les
ports. En agiffant autrement, les fermiers agi-
roient contre la faine politique, la droite raifon & l'équité naturelle.

Je ne me diffimule point que la Bretagne, très-
attachée à fes priviléges & à fes anciens ufages,
aura peut-être quelque peine à fe foumettre à l'exécu-
tion du nouveau tarif, qui tiendroit lieu des droits
de havre & de brieux, de ceux des traites domania-
les, & de tous autres qui s'y perçoivent actuellement ;
mais fi on veut péfer les véritables intérêts de la
Province, & fentir les avantages qui réfulteroient
pour elle de la communication libre & fans aucuns
droits, avec toutes les provinces du royaume ; que
d'ailleurs les droits du tarif de 1667 & des régle-
mens poftérieurs font actuellement perçus en Breta-
gne, & que le nouveau tarif, fait uniquement dans
les vûes de favorifer le commerce du royaume, ne
peut être confideré que comme un fupplément au tarif
de 1667 ; je crois qu'il fera defiré comme le moyen
le plus propre à réunir tous les fujets du Roi pour
l'objet du commerce, & abolir ces cloifons qui les ont
féparés jufqu'à préfent, au préjudice des uns & des
autres. Si les réfiftances de la province de Bretagne

(20)

étoient trop fortes, il seroit indispensable d'établir contre elle, la perception du nouveau tarif sur la frontière qui la sépare des autres provinces du royaume, ce qui sans doute augmenteroit encore les droits qui se perçoivent à l'entrée & à la sortie des cinq grosses fermes, sans préjudice de ceux qui se perçoivent actuellement en Bretagne.

Je sens que pour toutes ces opérations, vous pourrez tirer beaucoup de secours des chambres de commerce de Nantes & de S. Malo. Vous pouvez leur communiquer & ma lettre & l'état que j'y joins. Je verrai avec plaisir les observations qu'elles ont cru devoir y faire. Je suis, &c.

OBSERVATIONS.

Jusqu'ici on ne s'est attaché qu'à faire voir les fatales conséquences qui résulteroient pour le commerce général du royaume, de l'établissement de ce tarif, tel qu'il est proposé.

Quant aux priviléges particuliers à la Bretagne, c'est aux états de cette province à supplier sa Majesté qu'il lui plaise de les lui continuer, & d'éloigner de ses habitans la crainte où ils sont de se voir un jour imposés aux tailles, aides & gabelles : enfin de ne pas permettre qu'il y soit fait la moindre infraction sous son autorité. Mais à l'égard des priviléges relatifs au commerce, tels que le sont les acquits à caution & transit, les entrepôts, l'exemption de droits sur les marchandises du royaume envoyées en Guinée, aux Isles Françoises de l'Amérique & à la Louisiane, ainsi

que fur les denrées qui en proviennent à la
deftination de l'étranger ; l'exemption de la
moitié des droits des fermes fur les marchandifes provenantes de la vente des Noirs, introduites pour la confommation du royaume , &c.
les autres places en jouiffent auffi-bien que la
Bretagne. Ces priviléges n'ont point été accordés pour enrichir telles villes ou tels négocians , mais pour le foutien du commerce
nationnal, qui, fans ces encouragemens, n'eût
pu fubfifter ni s'étendre ; deforte que leur fuppreffion cauferoit infailliblement fa ruine totale , fans efpérance de pouvoir jamais le relever.

Quoiqu'il en foit, la réunion de tous les
fujets du Roi pour l'objet du commerce , & la
fuppreffion des douanes & de tous droits généralement quelconques, & fans exception ,
établis dans le royaume & les provinces réputées étrangères , font des objets dignes du
grand Miniftre qui les propofe ; & bien loin
de trouver de la réfiftance de la part des Bretons, on penfe qu'ils s'y prêteront volontiers,
moyennant quelques modifications du projet,
que le bien général du commerce requiert néceffairement. C'eft en conféquence de ces
principes que l'on prend la liberté de propofer, 1°. que le projet d'un droit unique d'entrée & de fortie , percevable aux frontières
extrêmes du royaume, n'aura lieu que quatre
ans après la fignature de la paix, afin que pendant ce tems, les négocians & marchands puif-

sent réparer une partie des pertes qu'ils ont essuyées pendant cette guerre, qu'ils puissent faire rentrer leurs fonds & arranger leurs affaires qui sont toutes délabrées : 2°. que la suppression de tous droits quelconques, autres que ceux des cinq grosses fermes, aura lieu immédiatement à la paix, afin de donner au commerce des facilités, & lui procurer les moyens de reprendre son cours. 3°. Que pour faire face aux remboursemens des engagistes de ces droits, il plaira à sa Majesté d'établir une commission pour la recherche des biens des traitans & autres gens d'affaires extraordinaires depuis 1720 ; que sur iceux, il en sera prélevé la vingtiéme partie, qui sera destinée à cet usage, & que les héritiers de ceux décédés depuis cette époque, seront poursuivis en pareille restitution, quelques alliances qu'ils ayent pu contracter. On pense que le produit sera plus que suffisant pour rembourser ces engagistes, sans qu'il en coûte rien à sa Majesté, qui, sur ce moyen, se fera justice à elle-même & la rendra aussi à ses sujets. 4°. Que l'établissement du droit unique aura lieu au bout de quatre années de paix : en conséquence, que tous les droits de douanes intérieures seront supprimés, & les bureaux des fermes établis sur les frontières extrêmes du royaume. 5°. Que les divers objets nécessaires à l'armement & avitaillement des vaisseaux, continueront d'être exempts de tous droits. 6°. Que pareille exemption sera accordée pour les marchand>difes propres au commerce de Guinée. 7°. Que l'on jouira de la facilité que donnent les tranfit & acquits à caution, pour les marchandifes qui traverferont le royaume avec exemption de tous droits, & pour celles que l'on tirera de l'étranger pour Guinée feulément. 8°. Que les toiles de Bretagne & autres, de toute nature, fabriquées en France, pourront fortir pour quelque deftination que ce foit, en payant un pour cent de leur valeur, afin qu'elles puiffent conferver chez l'étranger la concurrence avec celles de Hollande, de Suiffe, de Silefie & d'Irlande. 9°. Que les laines d'Efpagne, d'Angleterre & d'Irlande entreront librement dans le royaume, comme étant de première néceffité, & que nos draps & autres étoffes de laine ne feront impofés à la fortie qu'à un ou deux pour cent, tout au plus, pour en procurer le débouché chez l'étranger. 10°. Que pareille faveur fera accordée pour les étoffes de foie de nos manufactures; & que les drogueries indifpenfables pour nos teintures, ne feront impofées à l'entrée qu'à deux ou trois pour cent, au lieu de fept & demi portés dans le nouveau tarif. 11°. Que les vins & eaux-de-vie pourront fortir en payant deux pour cent, afin de faire tomber ceux d'Efpagne & de Portugal. 12°. Que la fortie des bleds & autres grains fera permife, fans qu'il foit néceffaire d'obtenir de permiffions particulières, toujours coûteufes & gênantes, ce qui encourageroit extraordinairement la cul-

B iiij

ture de nos terres, procureroit des fonds im-
menfes à la nation, & feroit tomber l'agriculture d'Angleterre plus difpendieufe que la nôtre. 13°. Que tous les ports francs feront irré-
vocablement abolis, & qu'il ne fera jamais
accordé de pareilles franchifes à aucunes villes, quelques puiffans que foient leurs protecteurs, au préjudice des autres ; parce que ces
ports francs font un tort très-confidérable au
commerce de France, qu'ils diminuent les
produits des droits légitimement dûs au Roi;
parce qu'en les laiffant fubfifter, ce feroit donner jour aux autres places d'y faire entrer &
fortir clandeftinement des marchandifes en
exemption de tous droits, & par conféquent
rendre illufoires les vûes du tarif général qui
tendent à n'en exempter aucune ; parce qu'enfin ce feroit perpétuer & étendre les fraudes à
l'infini, & donner ouverture à l'introduction
de toutes fortes de marchandifes de contrebande, dont les fermiers fe font toujours
plaints, & avec jufte raifon, ce qui les a obligés à augmenter au double leurs frais de régie,
& à multiplier le nombre de leurs employés,
qu'ils pourroient réduire de moitié par cette
fuppreffion. 14°. Que le commerce étranger
aux Colonies, fera défendu aux habitans fous
les plus grandes peines ; & qu'il fera permis
aux équipages françois d'arrêter tous les interlopes qu'ils trouveront aux attérages de nos
ifles ou à deux lieues de la côte, lefquels feront déclarés de bonne prife, & le produit

(25)

Entier leur en appartiendra. 15°. Que les droits
du nouveau tarif feront perçus aux entrées &
forties du royaume, fur une évaluation générale des marchandifes, dépouillées de tous
frais de voiture, fret & droits ; laquelle fera
faite à chaque renouvellement des baux des
fermes, en préfence du miniftre de la marine,
du controlleur géné al des finances, de deux
confeillers d'état, des intendans & députés du
commerce, & de quelques fermiers généraux ;
& que fur l'arrêté de cette évaluation, il fera
diminué un fixiéme pour les tarres qui font
d'ufage (ainfi qu'on l'a dit précédemment)
entre marchand & marchand, & même vis-à-
vis des fermiers. 16°. Qu'il fera accordé la même protection aux négocians qu'aux fermiers ;
c'eft-à-dire, qu'en cas de fraude de la part des
premiers, ils feront punis par une forte amen-
de, qui ne pourra être remife, & par l'interdic-
tion de commerce ; & qu'à l'égard des derniers, ils feront condamnés en pareille amen-
de, & leurs commis révoqués de droit, en cas
d'extention de droits, fauffes perceptions ou
tracafferies purement faites pour gêner le commerce : enfin que dans des cas litigieux, le
confeil décidera par des arrêts formels & no-
toires, & non par des décifions particulieres &
fecrettes que les fermiers favent fi bien furpren-
dre à fa religion ; parce que * *tous les fujets du
Roi ont un droit égal à fa juftice, & que l'on ne*

§ Lettre de M. de Machault, du 11 avril 1754.

C

doit point les vexer en se servant injuſtement *de son autorité.* 17°. Enfin, ſi tous les articles ci-deſſus étoient exécutés au pied de la lettre, alors on pourroit, ſans inconvénient, impoſer un droit de cinq pour cent ſur les marchandiſes propres au commerce des Colonies Françoiſes, & ſur celles qui en viennent pour la conſommation du royaume ; mais à l'égard des ſucres, caffés, cotons & indigos que l'on feroit paſſer à l'étranger, il feroit néceſſaire, ſi l'on veut que ce commerce ſe ſoutienne, qu'ils ne fuſſent impoſés qu'à trois pour cent, & par conſéquent ils jouiroient du bénéfice d'entrepôt juſqu'à leur ſortie.

Telles ſont les obſervations qu'un citoyen zélé, un bon François, un honnête négociant, s'eſt permis de faire ſur le projet de tarif général, ou de droit unique ; il en ſoumet l'examen aux perſonnes en place, qui ſauront bien, par leurs vaſtes lumières, trouver les moyens d'empêcher que le commerce extérieur de la nation, ne paſſe entre les mains des Anglois nos plus cruels ennemis, ce qui les mettroit en état d'avoir à leur ſolde des millions d'étrangers, de corrompre & de faire déſerter nos armées, enfin de ſoulever un jour toute l'Europe contre la France.

LETTRE

LETTRE

SUR UN ARTICLE

DU JOURNAL

DU

COMMERCE,

Imprimé à Bruxelles au mois d'Octobre dernier.

Troisiéme Partie.

LETTRE

SUR

UN ARTICLE DU JOURNAL

DU COMMERCE,

Imprimé à Bruxelles au mois d'Octobre dernier.

Concernant le Projet de porter toutes les Douanes de l'intérieur aux frontières du Royaume, & de la réforme du Tarif.

JE ne fuis point étonné, Monfieur, que l'article des Tarifs, traité au commencement du Journal du Commerce, imprimé à Bruxelles au mois d'Octobre dernier, ait fait fur vous une aff z forte impreffion pour que vous ayez defiré d'être plus particulierement inftruit de cette matiére. Cet ouvrage a dû vous frapper : le feu qui l'anime, le ton d'affurance qui regne dans l'affertion des faits, & dans la ſuite des conſéquences, paroiſſoient vous annoncer dans l'auteur un patriote zèlé, & un négociant conſommé. Malheureuſement j'ai crû appercevoir aſſez ſouvent dans cet ouvrage, les traces de l'intérêt perſonnel, & pour conſéquence la haine la plus implacable contre les gens de Finance. Quelque répugnance que j'aïe à haſarder mes réflexions ſur de pareils ouvrages, je vous obéis, & je crois que, pour défendre les intérêts de ma patrie, il ſuffira de rétablir les faits. C'eſt la façon la plus ſûre de combattre l'injuſtice & les fauſſes imputations ; mais il faut être certain des vérités qu'on y oppoſe, & je ne vous dirai rien que je n'aïe puiſé dans les ſources les plus pures, & vérifié dans les dépôts les moins ſuſpects. Cette obſervation me ſervira d'excuſe ſur la lenteur de ma réponſe.

Rien n'eſt plus vrai que la première obſervation de l'auteur du Journal. Si les Tarifs ont été dans leur origine des opérations de Finance, ils ſont devenus dans

la suite des opérations de Commerce , &
si le nom d'opérations de Finance leur
imprime une tache, (ce que je ne crois
pas toujours), on ne peut mieux s'y
prendre, pour les en laver, que d'avoir
pour objet principal, dans leur réforme, la
plus grande utilité du commerce & des
sujets du Roi, comme le Ministre l'annonce lui-même dans la lettre qu'on rapporte & qu'on parodie indécemment.

Je conviens aussi, avec le même auteur, que le fort du Commerce dépend
des Tarifs : j'adopte encore toutes les
preuves qu'il en donne. Qu'en résulte-t-il?
Si l'on a un bon Tarif, il faut le conserver ; mais le journaliste & l'observateur
conviennent que le Commerce de la
France se trouve accablé sous le poids des
Tarifs trop multipliés. Il en faut donc faire
un plus simple, unique, s'il se peut, & en
général beaucoup plus conforme aux intérêts du Commerce. C'est tout ce qu'on
veut faire ; le Ministre le déclare lui-
même, & il le prouve.

En effet, qu'elle eſt ſa conduite ? Non
content d'un travail qu'il dirige ſous ſes
yeux, & dont il a confié la ſuite aux perſonnes les plus éclairées, les plus attachées au Commerce, & les moins ſuſ-
pectes du côté de l'intérêt de la finance,
il conſulte ſon projet, par une lettre
détaillée, à tous les Intendans ; il les
charge de le communiquer à toutes les
Chambres de Commerce, & de prendre
leurs avis. Ce n'eſt point une communication d'un projet en général : on veut que
les négocians, choiſis par leurs confreres
pour veiller à l'intérêt du Commerce,
entrent dans tous les détails. On leur préſente le corps entier d'un projet de Tarif,
lettre par lettre ; on exige d'eux une attention réfléchie, pour indiquer les corrections, les ſuppreſſions & les additions
qu'il feroit à propos d'y faire. Tout cela eſt
exécuté, & la preuve en réſulte de la copie de la lettre de **M.** le Controlleur
général à **M.** le Bret, qu'on n'a pu avoir
que par une des Chambres de Commerce

de Bretagne. Peut-on defirer des vûes plus droites, & des moyens d'opérer plus à découvert? Je n'ai pu voir qu'avec douleur le peu de juſtice que leur rend, dans une Ville opulente de Commerce, un homme qu'on annonce comme *un Citoyen zèlé, un bon François, & un honnête Négociant;* mais examinons ſes obſervations diviſées en onze articles.

Dans le premier, il approuve le projet du Miniſtère, & ſes obſervations ne ſemblent faites que pour commencer à donner l'eſſor à ſa mauvaiſe humeur contre les Fermiers; mais ce n'eſt encore qu'une gentilleſſe. Tout le monde eſt de même avis ſur la ſuppreſſion des Commis, ainſi que des Bureaux inutiles, & ſur la diminution des frais de régie. Voyons les moyens d'y parvenir.

Notre obſervateur, ſur le ſecond article, Joue avec raiſon le projet de M. Colbert; mais il ſe trompe un peu dans les faits. M. Colbert vouloit un droit unique, & un Tarif uniforme par-tout. On peut le lire dans le préambule du Tarif de 1664. Ce Tarif eût été unique, s'il eût été accepté par toutes les Provinces du Royaume. C'eft le refus de quelques-unes qui a donné l'être à la confervation des droits dans l'intérieur , ainfi qu'au Tarif de 1667 , & aux Règlemens qui ont établi quelques droits de Traites uniformes à la frontière extrême, parce qu'en confervant à certaines Provinces leur libre communication avec l'Etranger , on n'a pas cru devoir facrifier les autres Provinces au caprice des premières. Tous les Engagiftes , dit-on , ne furent pas remboursés ; & fi le Roi rentra dans quelques-uns des droits engagés , ils furent levés à fon profit. Cela eft vrai ; mais pourquoi vouloir en faire un crime au Miniftère ? Le droit unique , ce beau projet de M. Colbert , étoit manqué par l'aveugle réfiftance & l'intérêt mal entendu de quelques Provinces : falloit-il leur facrifier toutes les autres ? Ces Douanes fubfiftantes, ces Bureaux multipliés , & toutes ces cloifons intérieures dont on fe plaint avec raifon , & qui femblent divifer la Nation en autant de Peuples différens, font moins faits pour remplir les coffres du Roi, que pour défendre le centre du Royaume contre la fraude qui peut pénétrer par quelques-unes des extrémités.

Le motif général du bien de tout l'Etat donna lieu au Tarif de 1667, & aux Règlemens particuliers qui ont établi à la frontière extrême du Royaume des droits de Traites uniformes, fur les marchandifes qui pouvoient nuire à notre Commerce intérieur. L'auteur de la lettre accufe les Fermiers généraux de lever à cette frontière extrême des droits qui ne font pas impofés; mais ne peut-on pas en douter? Ils ne peuvent pas fournir la preuve d'un fait négatif; mais le Commerce eft-il donc fi mal inftruit & fi complaifant pour le payement des droits? Je ne voudrois, pour preuve du contraire, que la lecture des obfervations que je difcute. Cependant l'accufation eft grave; il y auroit concuffion.

Paſſons aux troiſiémes obſervations? Notre auteur blâme, avec raiſon, l'obſ-curité & l'incertitude des anciens Tarifs; mais il n'eſt pas vrai que certains droits, attribués à certains offices ſupprimés, ne duſſent plus être levés. Le changement de la régie n'a point anéanti le droit On n'a fait, ſelon l'obſervateur lui-même, que le bien de rendre à des occupations plus utiles des ſujets qui en étoient mal à propos détournés. Les Bureaux & les Tarifs ou Pancartes qu'on cite, ſemblent fixer le domicile de l'obſervateur dans la ville de Nantes; mais point de conteſtation. Le Miniſtère annonce lui-même des incon-véniens auxquels il veut remédier : l'ob-ſervateur en convient ; il n'eſt queſtion que d'y travailler de tous côtés avec le même zèle.

Le quatriéme article des obſervations mérite un peu plus d'attention. Le Mi-niſtre annonce dans ſa lettre un ancien travail de ſes prédéceſſeurs ſur le mémo objet : notre obſervateur en parle ; mais quoiqu'il veuille paroître fort inſtruit, il eſt aſſez mal informé. Il n'eſt pas vrai qu'on y eût réſolu *de ſupprimer entierement tous les priviléges quelconques ſucceſſivement accordés par nos Rois aux Provinces réputées étrangères.* C'eſt la plus injuſte des imputations, & d'autant plus dangereuſe, qu'elle eſt ſeule capable de prévenir les eſprits contre un ouvrage de même nature qu'on entreprend aujourd'hui.

Les marchandiſes impoſées dans un ancien projet de Tarif, depuis dix juſqu'à quarante-cinq pour cent, ſi cela eſt vrai, ne ſurprendroient aucune perſonne intelligente en fait de Tarifs. Le Commerce en a ſollicité lui-même pluſieurs articles qui ſubſiſtent actuellement. Ces droits conſidérables ſont des droits excluſifs : ſi l'on étoit capable d'adopter l'intérêt perſonnel du Fermier, on les réduiroit tous à cinq pour cent ; mais le Royaume ſeroit bientôt innondé de marchandiſes étrangères, au préjudice de nos Fabriques. Des citoyens zèlés & bons François, au lieu de réduire ces droits, veilleroient

eux-mêmes à l'exactitude de leur perception, & blâmeroient les Commis & les
Employés des Fermes, non pas de l'excès
des droits qui ont été follicités par le
Commerce, mais des compofitions &
des modérations qui font défendues, &
que cependant des négocians intelligens
fçavent fe procurer avec d'autant plus de
fûreté, que les deux partis ont intérêt de
cacher la fraude qu'ils commettent de
concert au préjudice de l'Etat; car malheureufement l'intérêt particulier réunit
tous les faux patriotes, & il en eft peu de
vrais. Il en exifte cependant, & parmi les
gros négocians, la bonne foi & le patriotifme réfiftent fouvent à l'appas du gain.

Ce ne font donc point ces droits qui
ont empêché le fuccès de cet ancien
travail; encore moins doit-on l'attribuer
à l'intérêt des Commerces de Guinée &
des Colonies. Si l'on a connu leur importance, lors des faveurs qui leur ont été
accordées par les Lettres-Patentes de
1716 & 1717, les graces poftérieures

qu'ils ont obtenues font une preuve qu'on a toujours cherché à en affurer le fuccès, ce doivent être fans doute deux objets particuliers qui n'auront point été oubliés dans le nouveau travail.

On verra dans la fuite qui eft-ce qui foutiendra mieux leurs intérêts : le Commerce en jugera lui même, quand il aura vu l'ouvrage complet ; mais en attendant, pour arrêter l'allarme que l'auteur répand, au moins fort indifcrettement, on peut être tranquille fur la confervation des entrepôts & des tranfits fubfiftans, & fi l'on pouvoit être également raffuré fur les fraudes qui s'y commettent au préjudice de l'Etat, on leur donneroit peut-être encore plus d'étendue. Ce feul mot fuffit pour répondre à une grande déclamation, qui n'eft fondée que fur le fait faux de la fuppreffion des entrepôts, mais qui n'a pas moins le trifte effet de fonner l'allarme dans le Public.

Le cinquiéme article des obfervations eft un démenti formel à la lettre du Mi-

niftre, & une injure gratuitement faite
au Miniftère. Les Fermiers généraux en
font le plaftron, comme à l'ordinaire :
« Ce font eux, dit-on, qui ont renouvellé
« l'idée du nouveau Tarif fous un point
« de vûe plus favorable ; ils l'ont préfenté
« au Miniftre, & quoique ce Miniftre
« dirige les Finances avec autant de gloire
« que de fuccès, ils en ont impofé à fa
« religion. La vexation des fujets, & la
« ruine de tout Commerce extérieur feront
« la fuite du nouveau Tarif ; mais qu'im-
« porte aux Fermiers généraux, leur for-
« tune fera faite, & ils jouiront des dé-
« pouilles des autres citoyens ».

Ce tocfin eft effrayant : le fiel coule
à long traits de la plume de l'obfervateur ; mais voyons ce qui peut allumer
cette fainte fureur. Ce n'eft pas vraifemblablement le zèle patriotique : la vérité
en eft la bafe ; & fi la fermeté l'accompa-
gne, l'urbanité en eft inféparable. Si ce
zèle s'échauffe quelquefois, ce n'eft que
contre les chofes, ou contre un ennemi dé-

laré, & jamais il ne s'aveugle lui-même
dans fes contradictions. De quoi s'agit-il
ici ? Tout le monde convient que le Commerce & les fujets du Roi gémiffent fous le
poids & dans l'obfcurité des anciens Tarifs.
Il faut donc tâcher d'en faire de nouveaux , & cet ouvrage eft affez difficile par
lui-même pour qu'on ne cherche pas à y
mettre de nouvelles entraves. On veut tâcher de reprendre le grand projet du droit
unique & uniforme à l'extrême frontière,
en fupprimant tous les droits de Traites à
l'intérieur. Y réuffira-t-on ? Je le fouhaite ;
car c'eft l'intérêt de tous les fujets du Roi.
J'en excepte cependant ces Financiers
avides, tels que nous les dépeint l'obfervateur, qui feroient occupés à multiplier, à embrouiller, & même à falfifier
les Tarifs, pour vexer plus facilement le
Peuple, & s'approprier fa fubftance. Si
ces monftres exiftoient, ce qu'il eft bien
difficile de croire dans un Etat policé,
ils n'auroient fûrement pas préfenté ni fol-
licité un nouveau Tarif fimple, unique &

uniforme. Première contradiction de notre observateur.

De quelque part que vienne ce nouveau Tarif, qu'on nous présente sous un aspect si odieux, & avec des inconvéniens si sensibles par leurs excès, *un Ministre dont on vante, avec tout le Public, la probité, la sagacité & les lumières*, n'en aura pas facilement été la dupe. Seconde contradiction.

Ce Tarif, contre lequel on s'élève avec tant de violence, existe sans doute? Non. J'apprends, par notre observateur lui-même, que ce n'est qu'un projet dont il approuve les vûes, & dont il n'a encore entrevû qu'une très-légère portion. Troisiéme contradiction. Il me dit que le Commerce en sera la victime, & il me confirme lui-même que c'est le Commerce qu'on consulte principalement. Quatriéme contradiction. Il m'assure qu'on veut détruire le Commerce & dépouiller tous les citoyens, & j'apprends avec certitude que la diminution du produit des droits du

Roi eſt le plus grand obſtacle qui doive s'oppoſer au ſuccès de ce Tarif. Je ne finirois pas ſi je voulois dépouiller toutes les contradictions de ces obſervations : la chaleur indécente qui les anime, l'ignorance des faits véritable ou affectée ; enfin mille autres raiſons me font preſque penſer que ces obſervations ſont faites par une main étrangère pour traverſer l'ouvrage d'un nouveau Tarif, qui, en favoriſant notre Commerce, ne peut manquer de porter quelque atteinte au Commerce de nos ennemis ; je le ſouhaiterois, du moins.

C'eſt avec auſſi peu de raiſon qu'on pourſuit dans le ſixiéme article des obſervations, l'objet des évaluations. Pour le bien entendre, il faut dire un mot de ce projet dont j'ai vû quelques lettres, telles qu'elles ont été envoyées en communication à toutes les Chambres de Commerce du Royaume.

En général, il y a deux points principaux dans tout Tarif de droits de Traites :

le fonds de l'impofition & la forme de
la perception.

Le fonds de l'impofition dans le projet
du nouveau Tarif paroît être diftribué en
fept claffes, à un, trois, cinq, fept &
demi, dix, quinze & vingt pour cent de
la valeur de la marchandife. La claffe d'un
pour cent eft la claffe de franchife, &
tout le monde, jufqu'à notre obfervateur, paroît en être d'accord. Il y aura
pourtant quelques exceptions pour les
marchandifes qui jouiront, dans de certains cas, par la faveur de l'entrepôt,
d'une franchife entière. On en trouvera
des exemples dans le Commerce de Guinée & des Colonies. La claffe du droit de
vingt pour cent eft la claffe du droit exclufif, & ne peut être confidérée que pour
l'utilité du Commerce, & non pas pour
le produit des droits. La claffe de quinze
pour cent eft uniquement pour les objets
de luxe, ou qui nuifent beaucoup aux Fabriques & au Commerce de l'intérieur,
il ne faut pas encore beaucoup compter

fur

fur fes produits. Les quatre autres claffes font les feules qui peuvent faire un objet intéreffant de produit, & fi l'on ne con-fultoit que l'intérêt du Fermier, on met-eroit tout à cinq pour cent. A l'égard de la perception le commerce ne defire rien tant que la facilité & la fimplicité, & dèslors de faire payer au poids, à la me-fure, ou au nombre toutes les marchan-difes qui en font fufceptibles. C'eft au Commerce à propofer à cet égard ce qu'il croira le plus convenable, pourvû que le poids, la mefure & le nombre foient fixés d'une maniere bien claire & bien précife, de façon qu'il n'y ait d'équivoque d'aucun côté. Cela ne doit pas être difficile, & le plus embaraffant eft de fixer la valeur de la marchandife dans tous les cas. L'ufage actuel en fait de Traites, eft, que l'éva-luation fe faffe par le propriétaire, après quoi le Fermier a le choix, ou de rece-voir les droits fur ce pied, ou de prendre la marchandife en payant le prix de l'éva-luation & un fixiéme en fus. Il faut con-

venir que cet ufage peut entraîner beaucoup d'abus de toutes parts. Pour y remédier, on propofe aux Chambres de Commerce de convenir pour chaque marchandife d'une évaluation fixe qui durera au
moins pendant tout le cours d'un bail, &
qui ne pourra changer que pour un nouveau bail fur les repréfentations qui feront
faites un an avant le renouvellement, foit
par le Commerce, foit par le Fermier.
Rien n'eft fi fimple & fi commode que
cette forme de perception. Il faut pourtant convenir qu'elle peut être fufceptible
de quelques inconvéniens ; mais où n'y
en a-t-il pas ? Et le mieux ne réfide-t-il
pas dans leur moindre nombre ?

Voyons à préfent les inconvéniens qu'y
trouve notre obfervateur. 1°. Les variations dont il convient que le Commerce
eft fufceptible ; mais c'eft pour éviter
autant qu'il fera poffible, les inconvéniens de ces variations, qu'on fait fubfifter l'évaluation pendant le cours d'un
bail.

2°. Cette évaluation se fera, dit-il, ou en tems de paix, ou en tems de guerre. Si c'est en tems de guerre, elle se trouvera trop forte à la paix, & elle ne changera point. Si c'est en tems de paix, elle sera foible, dans le cas d'une guerre survenant, & le Fermier trouvera le secret de la faire changer : le crédit du Fermier l'emporte toujours dans tous les cas.

Mais, en vérité, cette observation est une suite de la maladie de l'auteur en matiére de Finance. A-t-il oublié que la paix ou la guerre ne peuvent rien changer ici ; que cette évaluation doit durer au moins pendant tout le cours d'un bail ; que le tems de guerre ne peut jamais y entrer, parce que le prix ordinaire des marchandises ne peut jamais se prendre sur le pied d'un cas extraordinaire tel que la guerre peste ou famine? L'évaluation des marchandises sur le prix ordinaire, en tems de paix, est la seule juste, pourvu qu'elle soit fidelle ; & si le Commerce y peut trouver quelqu'avantage par une guerre furvenante, il le paye fi cher d'ailleurs ; que le Fermier n'a point envie de lui enlever ce léger dédommagement. Mais d'où vient cette terreur panique ? Veut-on forcer le Commerce à accepter une évaluation qu'on lui préfente ? Non ; mais on le confulte fur les objets qu'il convient d'évaluer ; ainfi que fur la forme & fur le prix de cette évaluation. On lui annonce qu'il fera toujours confulté en cas qu'au renouvellement de bail il y ait lieu à quelques variations , & la récompenfe de cette confiance de la part du Miniftère eft la méfiance la plus caracterifée & la plus injufte de l'obfervateur, je ne dis pas contre le Fermier , mais contre le Miniftère même, lorfqu'il s'occupe du foin d'ôter les entraves dont le Commerce eft embarraffé.

Je ne crois pas qu'on trouve notre auteur plus doux dans fon feptiéme article. 1°. Une équivoque fur ces termes, *qu'on fe propofe d'y impofer*, lui fait oublier facilement ce qu'il a rapporté un moment

auparavant, que le nouveau Tarif avoit
pour objet principal la plus grande utilité
du Commerce & des fujets du Roi. Il
affure que les droits feront confidérablement augmentés ; il a même des avis
certains de Paris & de Rennes fur certains
articles qui font augmentés de plus de
moitié. En général, il me permettra d'en
douter. Mais qu'entend-il par cette augmentation ? Eft-ce fur le fonds de l'impofition à tant pour cent de la valeur ?
Cela n'eft fûrement pas vrai, à moins que
le Commerce ne l'eût defiré lui-même.
Seroit-ce fur l'évaluation? Elle n'eft pas
faite ; & qui confulte-t-on pour la faire ?
C'eft le Commerce lui-même. Au furplus,
il fe pourroit fort bien que dans la refonte
entiere d'un Tarif il fe trouvât des articles augmentés, & d'autres diminués. Cela
doit être, & les variations du Commerce
dont tout le monde convient en font la
caufe néceffaire. Pour juger par comparai-
fon, fi un nouveau Tarif eft plus favorable
qu'un ancien, ce ne font donc point

quelques articles qu'il faut confulter, c'eft tout le corps de chaque Tarif, & voir lequel des deux eft plus conforme aux véritables intérêts, non pas de quelques Négocians particuliers, mais de tout le Corps du Commerce, tant intérieur, qu'extérieur.

2°. Il ajoute : *Les objets néceffaires aux armemens mêmes n'en feront point exempts.* Examinons cette objection; elle me femble un peu tenir du perfonnel. 1°. Tous les objets néceffaires aux armemens qu'on tirera de l'intérieur du Royaume ne payeront point, au moyen de la fuppreffion des Douanes & des Bureaux de l'intérieur. 2°. Il y a apparence que les objets qu'on fera obligé de tirer de l'Etranger feront mis dans les claffes les plus favorables, & on doit déja en avoir la preuve. 3°. Quels font donc ces objets ? Des bois, des chanvres, des fers, des vins, des farines, des viandes falées, & autres chofes de cette efpèce ? Il feroit fingulier que le Miniftère envoyât ces articles en

communication aux Sociétés d'Agriculture, & que notre obfervateur, membre
par hafard de celle de Bretagne, époufât
les intérêts de l'Agriculture contre les
Armateurs, avec la même chaleur qu'il
attaque les droits de Traites, & les perfonnes attachées à leur perception. On ne
doute pas qu'il n'obtînt beaucoup d'aplau-
diffemens ; car enfin fi le Commerce eft
une fource abondante des biens de l'Etat,
ce n'eft que la feconde, & le Commerce
gémiroit lui-même d'une culture languif-
fante. C'eft une Agriculture animée qui
fournit les bras & les matières premières
au Commerce. Qu'il rende donc à cette
mere commune les devoirs qu'elle mérite, & q'il confente à confommer &
même à préférer fes productions.

Le morceau de la Lettre du Miniftre
fur lequel roulent les huitiémes obfervations, annonce des quotités de droits pro-
pofées par le nouveau Tarif, & charge
les Intendans de propofer eux-mêmes
des quotités différentes, s'ils le jugentà

propos, après de mûres réflexions. Sont-
ce là ces impofitions arrêtées & doublées
dont il étoit queftion à la tête des septié-
mes obfervations ? Mais voyons fes réflexions fur les drogueries. Elles font,
dit-il, à fept & demi & à cinq pour cent ;
Cependant elles font indifpenfables pour
nos Fabriques & Manufactures. Ce feroit
une faute d'autant plus inexcufable dans
le Tarif, que ceux qui font chargés d'y
travailler ont cet objet depuis long-tems
devant les yeux, & ont même vivement
ftipulé les intérêts du Commerce à cet
égard, lors du dernier bail des Fermes.
Mais en tout ceci, il ne manque à l'obfervateur qu'un peu plus de patience &
d'attention, pour s'épargner une fauffe
imputation. En effet, il peut être vrai
que dans le nouveau Tarif les drogueries
en général qui ne font point de première
néceffité foient impofées à fept & demi
pour cent, comme elles le font dans le
Tarif actuel ; mais elles font impofées cha-
cune fous leur nom, & celles qui fervent

de matières premières à nos Fabriques ;
à nos teintures & à nos Manufactures,
font traitées avec toute la faveur qu'elles
méritent. On a pu voir par l'Arrêt du mois
de Mai 1760, que les drogues & bois de
teintures ne doivent payer au premier Mai
1762, qu'un pour cent de leur valeur.

Les neuviémes Obfervations ne regardent que les évaluations, le même efprit
y regne ; mais comme celles qui feront
fixées le feront par le Commerce, qu'elles
pourront être corrigées fur les repréfentations du Commerce , & qu'on ne
change rien à l'ufage , au fujet des évaluations qu'on ne jugera pas à propos de
fixer, on ne fe donnera pas la peine d'y
répondre.

Il eft encore queftion des évaluations
dans les dixiémes obfervations, & notre
auteur réclame la juftice de Sa Majefté
fur le poids brut & fur la valeur originaire
des marchandifes. Que veut-il dire par le
poids brut ? C'eft le plus favorable au
Commerce, parce qu'il évite le déballage

& la pesée des marchandises, & qu'il
facilite les expéditions. Cela augmente-
t-il l'évaluation ? Non, parce qu'il est
égal qu'on diminue les tarres des futailles
& des emballages sur le poids des balles,
ou sur l'évaluation du quintal de la marchandise ; ce qu'on ne manquera pas de
faire : on évitera toutes les disputes &
toutes les longueurs sur la fixation des
tarres.

A l'égard du lieu qui doit régler le prix
de l'évaluation, il seroit singulier que ce
fût un autre lieu que celui où la marchan-
disedoit être vendue. Le prix de toute marchandise au monde n'est-il pas composé
de la valeur intrinsèque dans le lieu de
production & des déboursés qu'on a été
obligé de faire pour la conduire jusqu'au
lieu de la vente ? Cela n'a jamais été & ne
peut pas être autrement, sans quoi plusieurs marchandises étrangères, par la facilité du transport, obtiendroient sur les
marchandises nationales une préférence
qu'on cherche à leur ôter par l'imposition

des droits de Traites. Ces deux objets ne méritent pas d'être traités plus férieuse-ment.

Dans les onziémes obfervations on dif-tingue les priviléges particuliers de la Bretagne. A propos de quoi parle-t-on des Tailles, des Aydes & Gabelles ? Il n'en eft pas queftion, & au lieu de chercher à réveiller des craintes très-injuftes & très-mal fondées à cet égard, on auroit dû tâ-cher d'exciter le zèle des bons Bretons à faire ufage de leur exemption de Gabelles pour la multiplication des beftiaux & pour l'établiffement des falaifons, & leur faire fentir combien l'impofition d'un droit fi léger qu'il fût, fur les falaifons étrangères, feroit utile à la Province, qui eft plus que toute autre en état d'en profiter.

A l'égard des priviléges relatifs au Com-merce en général, tels que les acquits à caution, les tranfits & les entrepôts ; il peut être raffuré & n'auroit pas dû mê-me être allarmé. Il peut fe tranquillifer également fur le Commerce des Ifles &

Colonies Françoises , ainſi que ſur celui de la traite des noirs. Je ſuis inſtruit qu'on travaille actuellement à ces deux objets , & c'eſt ſurement dans les mêmes vûes de la plus grande utilité du Commerce & de tous les ſujets du Roi : enfin après beaucoup d'obſervations déplacées , ſouvent injuſtes & preſque toutes au moins inutiles , notre obſervateur retombe ſur les louanges du projet en général , & penſe que les Bretons s'y porteront volontiers. Je le penſe de même ; mais je doute que ſes obſervations les y déterminent. Quoiqu'il en ſoit , voyons les conditions qu'il met à ſa complaiſance.

1°. Le nouveau Tarif n'aura lieu que quatre ans après la ſignature de la Paix. Pourquoi cela? S'il ne vaut rien , il ne doit jamais avoir lieu. S'il eſt avantageux, il ne peut trop tôt commencer. N'y auroit-il point-là quelqu'intérêt perſonnel? Nous n'irons pas loin pour le trouver.

2°. La ſuppreſſion de tous droits, autres que ceux des cinq groſſes Fermes , aura

(29)

lieu immédiatement à la Paix. Il veut
dire la suppreſſion des droits de Prévôté,
Ports & Havres, Traite domaniale, &c.
Mais ſonge-t-il que pendant quatre ans,
& dans le temps que le Roi, obligé de
payer les reſtes toujours immenſes d'une
guerre, veut venir, le plutôt qu'il lui eſt
poſſible, au ſecours de ſes ſujets, par la
ſuppreſſion ou la modération des nouveaux impôts, il lui en ôte les moyens,
en lui enlevant, ſans aucune indemnité,
une portion conſidérable de ſes plus anciens revenus ?

D'ailleurs, ne ſeroit-ce pas une préférence donnée aux Négocians Bretons ſur
les autres Négocians du Royaume, qui
reſteroient ſoumis aux droits de Traites,
pendant que les Bretons en ſeroient
exempts ? N'ont-ils pas tous un droit égal
à la protection du Souverain ? Les pertes
qu'ils ont eſſuyées ne ſont-elles pas les
mêmes ? Eſt-il juſte d'en ſacrifier une partie à leurs Concitoyens ? Le zèle patriotique de notre obſervateur ne ſe renfer-

me-t-il pas trop ici dans les limites de la Bretagne, qu'il veut affranchir pendant quatre ans?

3°. Il offre un moyen de rembourſer les Engagiſtes des droits ſupprimés par le nouveau Tarif. Cela eſt fort étranger au Tarif ; mais n'importe : Ecoutons-le, ce ſera peut-être un effort de zèle.

Le moyen qu'il propoſe eſt l'établiſſement d'une Commiſſion, pour la recherche des biens *des Traitans & autres Gens d'affaires extraordinaires, depuis* 1720 ; le prélévement d'un vingtiéme ſur le fonds de tous leurs biens, & leurs Héritiers tenus à cette reſtitution, quelques alliances qu'ils aient pû contracter. J'ai peur que ſa modération ne le trompe dans ſes calculs. En effet, dans ce projet, les Fermiers généraux, les Sous - Fermiers, les Receveurs, les Tréſoriers généraux & particuliers n'y ſont pas compris. Il n'entend ſûrement pas y comprendre non plus les marchés de fournitures à des prix fixes & adjugés au rabais. A qui en veut-il donc ?

Aux Traitans ; mais il n'y en a pas depuis ce temps.

C'eft donc ici le rêve noir d'un écrivain mélancolique. Il eft vrai que le moyen ne feroit peut-être pas meilleur, quand même il auroit plus de réalité

4°. Lors de l'établiffement des nouveaux Tarifs, les droits des Douannes intérieures feront fupprimés, & les Bureaux des Fermes établis fur les frontières extrêmes du Royaume. Cela va fans dire, à moins qu'on ne veuille y comprendre les Bureaux & Employés, néceffaires pour empêcher la fraude des Gabelles & du Tabac dans les lieux foumis à ces impofitions.

5°. L'exemption de tous droits pour les divers objets néceffaires à l'armement & avituaillement des vaiffeaux. J'ai déja remarqué combien ces objets méritoient de faveur ; mais, afin d'en fixer plus juftement le dégré, il feroit peut-être à propos qu'on en dreffât un état bien exact & bien détaillé, qu'il fût fourni par les Chambres de Commerce, & communiqué aux Sociétés d'Agriculture, d'Arts & de Commerce.

6°. *Pareille exemption pour les marchandises propres au Commerce de Guinée.* Rien n'est plus favorable, & l'on pense comme notre observateur sur cet article. Mais, pour prévenir les abus, ne seroit-il pas bon de demander aussi un état des marchandises destinées à ce Commerce ? On ne le refuse pas, & il sera bon à examiner.

7°. Il demande la conservation des acquits à caution, transits & entrepôts. Cela est juste : cela a toujours fait une partie essentielle du nouveau projet, & je crois même que l'intention du Ministère est d'étendre plutôt que de restraindre ces facilités. Cependant, on ne sçauroit se dissimuler les inconvéniens qui peuvent en résulter, par le versement de marchandises au préjudice de l'Etat ; & il sera de la dignité, comme de l'intérêt du Commerce, de fournir les moyens d'empêcher cet abus.

8°. Les toiles nationales de toute espece

toute espece ne seront imposées qu'à un pour cent à la sortie. Je me trompe fort si cela n'est pas conforme au projet du nouveau Tarif envoyé en communication à toutes les Chambres du Commerce.

9°. Les laines seront exemptes à l'entrée, & les draps & autres étoffes de laine de Fabrique nationale seront imposés à un ou deux pour cent à la sortie. Le Commerce n'en sera pas plus foulé, en mettant tout à un pour cent, & les laines nationales y trouveront du moins un encouragement favorable à la culture.

10°. Pareille faveur sera accordée à nos Manufactures de soyes, & les drogueries indispensables pour les teintures seront imposées à l'entrée à deux ou trois pour cent seulement. On ne doute pas que les desirs de notre observateur n'aient été, à peu près, prévenus à cet égard, & il étoit en état de s'en convaincre par lui-même.

11°. Les vins & eaux-de-vie seront imposés à deux pour cent à la sortie. Cet article peut être sujet à beaucoup de vûes différentes. Il intéresse une partie de notre culture & de notre Commerce ; mais nous avons sur ces objets une préférence : c'est une richesse de notre sol. Il est peut-être bon d'en profiter, sans en abuser, & en général cet article pouvoit être placé dans une des classes moyennes.

12°. Notre observateur demande la libre sortie des grains, sans qu'il soit besoin d'aucunes permissions particulières. Cet article mériteroit tout seul un traité. Ce qui paroît certain, c'est que les permissions particulières font sujettes aux plus grands abus, & que le Commerce des grains a été assujetti aux plus grandes gênes. Il semble que le Ministère s'occupe du soin de les diminuer. La libre communication des grains entre toutes les Provinces du Royaume a déja été accordée par un Arrêt du Conseil : le Commerce extérieur des bleds mérite sans doute de plus mûres considérations ; une liberté indéfinie peut être dangereuse. Je ne connois point de pays de production qui n'ait ses regles à cet égard. Plus elles seront simples & faciles, mieux elles vaudront. Elles seront même plus durables qu'une liberté indéfinie, qui, en pareille matière, ne résisteroit pas au premier accident auquel elle n'auroit pas même contribué.

13º. Il demande l'abolition des ports francs, & la défense d'en établir à l'avenir. Vraisemblablement notre observateur n'est négociant, ni d'un port franc, ni de la ville de Saint-Malo, qui demande cette franchise ; mais cet objet mérite une attention particulière. Tâchons de le discuter dans l'intérêt général de l'Etat. Si les rédacteurs du nouveau Tarif s'étoient laissé emporter, comme on leur a reproché, à des vûes de Finance, ils auroient, comme notre observateur, rayé d'un seul trait de plume tous les ports francs. Outre la facilité de la régie, on y auroit trouvé une augmentation de produits : ils n'ont pas cru devoir s'y livrer.

Qui eft-ce qui a pu les déterminer à prendre ce parti, fi l'intérêt du Commerce eft
d'accord avec l'intérêt de la Finance pour
profcrire les ports francs? J'imagine pour le
parti qu'ils ont pris, deux raifons qui peuvent avoir leur poids. La première eft
dans la confervation des priviléges anciennement accordés aux Villes de Marfeille,
Bayonne & Dunkerque. Or, tous les priviléges anciens font refpectables & les fuccès du Commerce dans ces lieux privilégiés feroient encore plus crier contre la
révocation de pareils priviléges ; mais
avant que de fe décider, examinons pour
quoi les ports francs ont fait tant de bien
au Commerce , & ont tant multiplié les
négocians dans leur enceinte. C'eft uniquement parce que les ports francs font
un entrepôt général de marchandifes étrangères , ou pour mieux dire , un magafin
étranger prêt à verfer dans le befoin , foit
dans le Royaume en acquittant les droits
de Traites , foit à l'étranger en exemtion
de droits, parce que dans ces entrepôts

la marchandife n'a pas été naturalifée Françoife. Mais en même temps que ces Villes jouiffent du privilége de ces entre-pôts étrangers ; elles ne doivent avoir au-cune part aux priviléges nationaux ; quant aux marchandifes , elles font reputées étrangères , & doivent être traitées com-me telles. Tout ce qui fort de ces Villes pour entrer dans le Royaume , & tout ce qui fort du Royaume pour fournir à leurs befoins doit acquiter les droits de Traites, comme a la frontière extrême. Ainfi l'Etat n'y perd tout au plus qu'une partie de la confommation de ces Villes , tandis qu'il gagne beaucoup à l'étendue de leur Com-merce. Car il faut convenir que le Com-merce général du Royaume a profpéré en même tems , & les Villes de Marfeille , Bayonne & Dunkerque n'ont pas été les feules où les négocians fe foient multi-pliés , ainfi que les opérations de Com-merce. Si on y ajoutoit Strafbourg , on aura aux quatre coins du Royaume des magafins affortis de marchandifes étran-

gères dont tous les autres citoyens pourront fe fervir pour former promptement &
à moins de frais tous les aſlortimens dont
ils peuvent avoir befoin. Il ne faut donc
pas regarder ces ports francs comme
odieux, ni même comme inutiles au Commerce, & la jaloufie de quelques négocians des autres ports ne fuffit pas pour
les détruire. Il eſt vrai qu'il feroit à defirer que leur franchife & leur régie fût
plus uniforme; que s'il étoit queſtion de
les établir aujourd'hui, les connoiſſances
qu'on a acquis, tant en Commerce qu'en
Adminiſtration, pourroient rendre leurs
établiſſemens plus parfaits & plus conformes à l'intérêt général de l'Etat; mais
le mieux eſt le plus fouvent l'ennemi du
bien, & ces changemens ne fe font point
fans danger. Il y en a auſſi de très-grands
pour l'Etat à trop multiplier ces entrepôts
généraux. Ce feroit ouvrir autant de petites
portes aux marchandifes étrangères qu'on
veut écarter dans l'ufage & n'admettre que
dans le befoin. Laiſſons donc crier la ja-

loufie, & reftons à cet égard comme nous fommes, puifque nous avons reconnu par expérience que les avantages qui en réful-toient étoient fupérieurs aux inconveniens, & contentons nous de réformer peu à peu les défauts qu'on peut corriger fans atta-quer le corps de l'édifice qu'il eft toujours prudent de conferver.

14°. Notre obfervateur profcrit le Commerce étranger dans nos Colonies, & il a raifon. Il veut confier au Commerce lui-même le foin d'écarter les interlopes, & il eft certain qu'il n'y a point d'exécu-teur plus vigilant qu'un exécuteur inter-reffé. C'eft fans doute par cette raifon que notre obfervateur propofe de permettre aux équipages François d'arrêter les in-terlopes aux atterages de nos Ifles, ou à deux lieues de leurs côtes, & de les leur abandonner en les déclarant de bonne pri-fe. Mais notre honnête négociant ne de-viendroit-il pas un peu militaire? Lui, qui par état & par patriotifme doit tant aimer la paix, ne craint-il ni la guerre ni

C iv

les represailles qui pourroient quelquefois être fondées, & croira-t-il jufte de confifquer des vaiffeaux & des marchandifes en pleine mer, à deux lieues des côtes, militairement & fans aucune formalité tandis qu'il défendroit de toutes fes forces, une faifie faite par les employés des Fermes de marchandifes prohibées qui ne feroient pas entrées tout à fait dans le Royaume, ou à laquelle il manqueroit la moindre formalité ? N'en difons pas d'avantage, il faut chercher d'autres moyens d'empêcher les interlopes, celui-ci eft trop dangereux par le motif feul de l'intérêt perfonnel dans lequel il a pris naiffance.

15°. Par rapport aux évaluations, il eft jufte qu'elles ne foient arrêtées que par le Miniftre après avoir été difcutées, nonfeulement par des Commiffaires du Bureau du Commerce en préfence de quelques députés du Commerce & de quelques Fermiers généraux ; mais encore fur le avis des Chambres de Commerce, & que cette évaluation foit faite eu égard aux *tarres* pour les marchandifes qui en font fufceptibles , & qui acquitent les droits au poids. Telle a toujours été l'intention du Miniftère; mais que cette évaluation foit fixée fur le pied de la facture dans le lieu de la production; c'eft une queftion à décider & qui demande d'être examinée avec foin.

16°. Protection égale aux Fermiers & aux négocians, cela eft jufte, & l'on penfe que les Fermiers ne demanderont pas mieux. C'eft l'efprit des Loix qui ont été faites fur cette matière, & on ne manque point de Juges pour les faire exécuter. Ils tiennent avec équité la balance fans favorifer plus le Fermier que le négociant : mais qu'une Adminiftration auffi étendue entre, comme le demande notre obfervateur, dans tous les détails, & jufques dans les tracafferies auxquelles des mal entendus refpectifs peuvent fouvent donner lieu, je ne crois pas qu'on puiffe le propofer. Au furplus le meilleur moyen de faire ceffer ces tracafferies, c'eft d'avoir un bon Tarif,

ſimple, unique & uniforme, il faut y travailler de concert & de bonne foi ſans
ſe jetter inutilement dans tant d'écarts.

17°. Ce dernier Article regarde les marchandiſes de retour du Commerce des
Iſles & Colonies Françoiſes. Il eſt fort
court chez notre obſervateur, & n'en eſt
peut-être pas plus favorable au Commerce. Entrons à cet égard dans quelques
détails.

Nulle difficulté pour les marchandiſes
du crû des Iſles qui paſſent directement
de l'entrepôt à l'étranger ; elles ne ſont
point entrées en France pendant la durée
de l'entrepôt, & ne doivent aucun droit
de Traites ni pour l'entrée, ni pour la ſortie ; mais peut-être en doivent-elles un autre, c'eſt ce que nous allons voir. Quoiqu'il en ſoit, notre obſervateur conſent à
l'impoſition d'un droit de trois pour cent.

A l'égard de celles qui entrent pour la
conſommation du Royaume, il conſent
à payer un droit de cinq pour cent. Mais
qu'entend-il par-là ? Ne parle-t-il que du

droit de Traites ? Cela peut être trop fort pour certaines marchandifes comme le coton, & trop foible pour d'autres, comme le fucre & le caffé.

Entend-il parler du droit du Domaine d'Occident réuni au droit de Traites ? Il fera d'accord avec le Tarif fur quelques articles, & fort différent fur beaucoup d'autres,

Cette diftinction eft cependant très-importante. Le droit du Domaine d'Occident n'eft point un droit de Traites. C'eft un droit domanial & territorial ; il eft dû au Roi pour le prix de la conceffion des terrains qu'il a abandonnés aux colons des Ifles de l'Amérique ; il eft payable en Amérique fur le prix de l'Amérique, non-feulement fur ce qui entre en France, mais fur tout ce qui fort de l'Amérique, quand même il feroit porté directement à l'étranger ; en un mot, c'eft la redevance foncière payable en nature, telle que les cens & rentes feigneuriales qui fe payent en France, foit en grains, foit en argent : & comme le tenancier qui paye une pareille rente, foit au Domaine du Roi, foit à tout autre propriétaire, n'empêche pas que les productions de fon fol ne foient affujetties aux droits de Traites, de même le droit du Domaine d'Occident n'empêche pas les droits de Traites fur les marchandifes des Ifles. Si l'ufage s'eft établi de payer ce droit en France fur toutes les marchandifes qui fortent des Ifles, c'eft pour la plus grande commodité commune du colon & de la régie : ce n'eft pas moins le colon qui le paye fur le prix de la marchandife chargée d'acquiter ce droit.

Puifque ce n'eft pas un droit de Traites, il n'en doit pas être queftion dans le nouveau Tarif. Après cet éclairciffement qui pouvoit être utile pour traiter cette matière avec toutes les connoiffances néceffaires, je ne ferois point étonné que lors de l'examen tranquille & raifonnable, tant du nouveau Tarif que du réglement pour les Colonies qui a dû être travaillé dans

l'efprit des lettres-patentes de 1717. le
Commerce ne demandât une franchife entière des droits de Traites pour les marchandifes des Colonies , fortant direétement de l'entrepôt à l'étranger. Je ferois
même furpris fi dans le fimple projet on
n'avoit pas prévenu fes defirs à cet égard.

Mais le Commerce ne pourroit-il pas
légitimement aller encore plus loin, &
n'oferoit-il folliciter la permiffion de porter lui-même direétement dans les ports
étrangers d'Europe les marchandifes de
nos Colonies, à la charge de venir achever
le voyage de leurs navires dans les ports
de France, & d'y acquitter le droit du Domaine d'Occident felon l'ufage, fans attendre que la navigation étrangère vint dans
nos ports chercher dans les entrepôts nos
marchandifes, & nous enlever le bénéfice
de ce tranfport. Il paroît que le Commerce
gagneroit de plus d'une façon à cet arrangement , & fi cette permiffion pouvoit fe
concilier avec les autres intérêts de l'Etat,
la fûreté & la facilité de la régie, ce feroit

une belle addition à faire aux lettres-patentes de 1717, mais qui demande les réflexions les plus mûres & les mieux approfondies fur l'intérêt refpectif de la métropole & des Colonies, & fur les avantages réels de notre navigation.

A l'égard des marchandifes des Colonies introduites dans le Royaume pour la confommation de l'intérieur, elles ne peuvent manquer dans l'intérêt général du Commerce de l'Etat, de fe trouver diftribuées dans différentes claffes du Tarif, fuivant leurs différentes qualités & ufages. Le coton, par exemple, ne payera pas comme le caffé, c'eft dans l'efprit général d'un Tarif qu'on trouve néceffairement ces diftributions, & elles feront fûrement bien faites quand le Tarif aura eu pour objet principal la plus grande utilité du Commerce & des fujets du Roi; qu'il aura été communiqué aux Chambres du Commerce, & que leurs obfervations auront été difcutées & mûrement examinées. On les defire ces obfervations puifqu'on les de mande. Il eſt vrai qu'on ne devoit pas les attendre par la voïe d'un Journal étranger imprimé à Bruxelles. Les voïes indirectes ne ſont point faites pour de vrais patriotes. Les Chambres de Commerce & leurs députés au Bureau du Commerce n'ont été établis que pour porter au Miniſtre les vœux des négocians & en ſuivre les ſuccès. Enfin le Miniſtère eſt acceſſible en tout tems aux plus petits comme aux plus grands, & le Commerce eſt aſſuré d'y trouver un protecteur dans ſon Juge.

Pendant que je faiſois mettre au net cette lettre, on m'a remis de votre part un volume compoſé de 14 lettres imprimées à Nancy contre le projet du nouveau Tarif. Je l'ai parcouru rapidement & les réflexions s'offrent en foule contre un ouvrage qui préſente preſque par-tout, la contrebande comme le ſeul fondement ſolide du Commerce de la Lorraine. On y trouve auſſi des contradictions qui ſautent aux yeux. Je ne crois pas qu'il ſoit difficile d'y répondre ; mais il faut que cet auteur ait été bien mal informé du projet qu'il attaque : j'ai voulu me tirer de cette incertitude avant que de vous répondre , & on m'a promis de me remettre à cet effet un exemplaire de toutes les lettres du Tarif, je les attends & après les avoir examinées, ainsi que l'auteur Lorrain , je vous rendrai le meilleur compte que je pourai de l'un & de l'autre.

Je suis bien faché d'avoir été si long, mais je parlois à un vrai patriote. Vous vouliez être instruit , & je ne pouvois trop vous rassurer contre les allarmes qu'a dû vous donner un ouvrage rempli du feu le plus vif , déplacé par tout , & qui va quelquefois jusqu'à l'indécence. J'espere vous avoir prouvé en même tems que j'aime le Commerce & que je ne hais personne. Je ne prétends point m'en faire gloire. C'est un sentiment naturel à l'homme qui n'est point agité par des passions vives ; ce triste écueil de l'humanité produit souvent l'effet contraire. L'homme d'Etat doit s'interdire ter dire les paſſions, les craindre dans les autres, les démaſquer s'il le peut, & être ſur tout en garde contre l'intérêt perſonnel qui cherche toujours à s'appuier du zèle du bien public, & à ſe cacher ſous ſes apparences.

J'ai l'honneur d'être, &c.

MEMOIRE
DES FABRIQUANS
DE LORRAINE ET DE BAR,

Préfenté à Monfeigneur l'Intendant de la Province.

MONSEIGNEUR,

AU mois de mai dernier, on nous affem-
bla par vos ordres, le corps des marchands &
nous, pour nous faire part du projet formé par
M. le Controlleur général, de fupprimer les
différens droits de traite qui fe perçoivent dans
l'intérieur de la province, pour les convertir
en un droit uniforme, percevable à la frontière. On nous demandoit nos obfervations
fur les avantages ou les inconvéniens de ce
nouveau tarif, relativement à la Lorraine, &
nos eftimations fur la quotité du droit à impofer fur chaque efpèce de marchandife à l'entrée
de la province.

Nous étions occupés du foin de répondre
à la confiance de Monfeigneur le Controlleur
général, & nous attendions une nouvelle affemblée pour nous concilier fur cet objet avec
le corps des marchands, lorfque nous avons

Quatriéme Partie.   a

vu paroître un ouvrage, qui a pour titre, *Lettres d'un citoyen à un magistrat*, où l'auteur s'efforce de faire révoquer en doute l'utilité des fabriques & des manufactures; où il donne le commerce des productions étrangères comme la cause qui peut seule entretenir l'aisance de la province; où le projet du tarif, si favorable à nos manufactures, est représenté sous les couleurs les plus odieuses, comme l'ouvrage de financiers avides, & comme devant entraîner la ruine entière des deux duchés.

Mais quoique nous ayions été fort étonnés des assertions de cet écrivain, nous avons été plus surpris encore de le voir appuyer son sentiment en nous citant nous-mêmes, & en prétendant que nous sommes dans le doute & dans l'incertitude sur les avantages du nouveau tarif. Nous nous croyons obligés de combattre cette prétention de l'auteur des lettres, & c'est une des principales raisons qui nous engagent à vous présenter nos observations sur cette matière.

Non, Monseigneur, nous n'avons jamais été dans l'incertitude & dans le doute; dès le premier moment qu'on nous a communiqué le projet du nouveu tarif, nous l'avons regardé comme devant être de la plus grande utilité à la Lorraine, & nous sommes encore plus convaincus de cette vérité, depuis que nous avons examiné les raisons que l'auteur des lettres a employées pour la combattre.

Pour mettre quelqu'ordre dans les réflexions

que nous avons l'honneur de vous préfenter, nous ferons voir d'abord directement les avantages qui feront la fuite de l'établiffement du tarif, relativement à la Lorraine. 2°. Nous détruirons les objections que l'auteur des lettres forme contre ce projet.

Nous éviterons la diffufion à laquelle il s'eft livré pour faire un volume de 400 pages fur la queftion dont il s'agit ; l'emphafe qu'il a employée pour en impofer à des lecteurs peu inftruits, fes exagérations, fes fophifmes, fes contradictions continuelles, & les déclamations dont il a rempli fon ouvrage. Nous ferons courts, fimples, vrais, & plus citoyens que lui.

Il feroit fuperflu, MONSEIGNEUR, que nous nous arrêtaffions à prouver contre l'auteur des lettres, la néceffité & l'utilité des tarifs en général. C'eft un principe d'adminiftration reçu aujourd'hui chez toutes les nations commerçantes, & établi dans tous les ouvrages écrits fur cette matière, que les impôts fur les marchandifes étrangères font néceffaires pour favorifer le commerce national. » Sans impôts, dit l'auteur de l'excellent ouvrage intitulé, *Recherches & confidérations fur les finances ;* » fans impôts, l'induftrie naiffante d'une na- » tion fouffriroit trop de la rivalité ambitieufe » de l'induftrie étrangère ». Un peuple commerçant ne peut fe défendre contre une prohibition ou une impofition fur les productions de fon fol ou de fon induftrie, établies chez

le peuple voisin, qu'en interdisant ou en imposant aussi les denrées & les marchandises que
ce peuple, son rival, verseroit chez lui.

Si lorsque les Anglois défendent chez eux
l'usage des productions des fabriques françoises, nous nous habillons des étoffes angloises,
la France devient tributaire de l'Angleterre ;
les produits de nos terres, & même ceux de
notre industrie dans d'autres genres, seront
continuellement transportés, ou en nature,
ou en valeur, en Angleterre, pour augmenter
chez ces rivaux dangereux, la population &
l'aisance, tandis que l'une & l'autre diminueront chez nous. De-là la nécessité & l'utilité
des prohibitions ou des droits, c'est-à-dire,
des tarifs en général. Mais nous nous hâtons,
Monseigneur, de mettre sous vos yeux
les preuves sur lesquelles nous nous appuyons,
pour avancer que le tarif proposé par M. le
Controlleur général ne sauroit être que très-
avantageux à la Lorraine en particulier.

Les avantages que procure à une nation le
travail des matières premières mises en œuvre,
& portées par l'industrie à une plus grande valeur, sont trop connus pour qu'il soit nécessaire de les développer ici. Par les travaux des
manufactures, les productions du sol, les laines, les chanvres, les soies, deviennent & plus
utiles & plus agréables. Les ouvrages d'un peuple industrieux franchissent les bornes de l'état ;
elles vont jusques chez les étrangers, obtenir
la préférence sur celles que ceux-ci fabriquent

eux-mêmes ; & elles en attirent des denrées que la nature avoit refusées à celui-là, ou ne lui avoit pas données en assez grande abondance, ou de l'argent, avec lequel il peut satisfaire à ses besoins & à ses plaisirs.

L'agriculture, qui fournit les matières que les manufactures employent, est payée avec usure des fonds qu'elle a fournis à l'industrie ; l'aisance des cultivateurs augmente en même raison que les succès des hommes industrieux, & la population, & les forces de l'état, viennent à la suite de l'aisance des uns & des autres ; car les progrès de l'agriculture & des arts industrieux, marchent d'un pas égal : encouragez l'agriculture, les travaux des arts s'animeront ; encouragez l'industrie, l'agriculture sera florissante.

Si donc l'établissement du tarif en Lorraine, tend à animer les travaux de l'industrie dans la Province, son utilité ne peut être révoquée en doute : or c'est l'effet qu'on en doit attendre.

L'état de langueur de nos manufactures est l'effet de deux causes ; d'un côté, le versement des productions des manufactures étrangères dans la province ; de l'autre, le débouché des provinces de France fermé à nos marchandises par les droits exigés à l'entrée de ce royaume. Le transport des bureaux sur la frontière de la Lorraine, entre l'étranger & nous, changera cet état de choses à notre avantage.

La principale cause de la langueur & de la décadence de plusieurs fabriques dans la province, eſt le verſement des productions des manufactures étrangères ; c'eſt ce qu'il nous eſt très-facile de démontrer , en partie , d'après les aveux de l'auteur des lettres ; & en partie , d'après l'évidence des faits.

L'auteur des lettres fait mention de quatre manufactures d'étoffes de laine établies à Nancy ; d'un nombre conſidérable de métiers à bas dans la même ville ; d'un corps de drapiers , diſtingué & protégé : à S. Nicolas , de deux manufactures de toiles élevées au neuf-château, qui faiſoient paſſer des quintins & des linons juſqu'en Italie ; d'une fabrique de chapeaux à Gerbeviller , & de quantité d'établiſſemens utiles , protégés & encouragés par nos ſouverains : tout ce détail eſt de l'auteur même des lettres.

Tous ces établiſſemens , depuis environ 20 ans , ſont déchus , affoiblis ou anéantis ; c'eſt encore une vérité que l'auteur des lettres reconnoît en pluſieurs endroits de ſon ouvrage.

Maintenant ſi le verſement des productions des manufactures étrangères en Lorraine eſt augmenté dans la même proportion que nos manufactures ſont diminuées , & cela depuis la même époque , pourra-t-on méconnoître la cauſe véritable de la décadence dont nous nous plaignons ? pourra-t-on ſe diſſimuler que cette cauſe eſt préciſément l'introduction libre des productions des manufactures étrangères , & ne ſera-t-il pas prouvé que le meilleur reméde qu'on puiſſe apporter à ce mal , eſt préciſément l'établiſſement du tarif ?

Or nous prouvons invinciblement que depuis vingt-cinq ou trente ans, le verfement des productions des manufactures étrangères en Lorraine eft augmenté au moins du double. (Nous pourrions aller beaucoup plus loin, fans craindre de nous écarter de la vérité ; mais cette affertion fuffit à la caufe que nous défendons, & aux conféquences que nous en voulons tirer.)

Selon une balance dreffée par les marchands eux-mêmes, & jointe à un mémoire qu'ils ont préfenté au Roi de Pologne, à fon arrivée en Lorraine ; balance faite fur des états détaillés, & d'après leurs propres livres, l'exportation des denrées de la province, en 1737, fe montoit à . . . . 5260000 liv. & l'importation des marchandifes étrangères, à la fomme de. . . . . 5300000 liv.

Voilà un fait que l'auteur des lettres ne peut révoquer en doute, puifqu'il eft fondé fur un témoignage qu'il ne fauroit récufer.

Or, de 1737 à 1759, l'importation des marchandifes étrangères eft allée jufqu'à dix & douze millions : nous appuyons cette eftimation fur plufieurs preuves.

Le droit d'entrée dans la ville de Nancy, fe perçoit au quatre-vingt-feiziéme denier du prix coûtant des marchandifes qui y entrent. Cette ferme paye aujourd'hui quarante-fix mille livres de canon ; en y ajoutant les frais de régie, nous aurons au moins cinquante mille livres , qui fuppofent la valeur de cinq millions , ou à

peu près , pour le prix des marchandifes étrangères qu'on fait entrer à Nancy ; ainfi , voilà
pour cinq millions de marchandifes étrangères
qu'on fait entrer dans la feule ville de Nancy.
L'auteur des lettres ne conteftera pas la juftefle
de cette eftimation , au moins pour les années
antérieures à 1759. *

Or, le commerce qui fe fait à Nancy, n'eft
guére que le tiers de celui qui fe fait dans la
province ; mais fuppofons qu'il n'en faffe que
la moitié, on conviendra que nous fommes
très-modérés , fi on fe rappelle le nombre des
marchands en gros, établis depuis environ
trente ans dans toutes les villes de la Lorraine.
Neuf-Château , Bar , Ligny , nous préfentoient
en 1759 , de ces marchands qui faifoient un
commerce de trois à quatre cent mille livres.
Saint-Diez , Lunéville , Mircourt , Epinal ,
Pont-à-Mouffon , renferment également quantité de marchands qui, comme ceux de Bar ,
Ligny , Neuf-Château , tirent directement de
l'étranger les marchandifes qu'ils débitent.

De-là nous devons conclure que la totalité
des marchandifes qui entroient dans la province vers 1759 , montoit à la valeur de dix millions fix cent mille livres , c'eft-à-dire, au

---

* Cette reftriction eft relative à ce que l'auteur des
lettres reconnoît lui-même, que depuis cette époque,
depuis la permiffion accordée de fabriquer & d'introduire en France des toiles peintes, le commerce de nos
marchands, qui étoit fondé en grande partie fur l'introduction de ces toiles en France, eft infiniment déchu.

moins au double de ce qu'elle étoit en 1737.

Un autre calcul nous conduit encore au même réfultat de dix millions & plus, de marchandifes étrangères importées en Lorraine, vers 1759.

1°. L'auteur des lettres nous apprend, que de mille marchands qui font répandus dans la Lorraine, cent au moins font le commerce en gros, & tiennent magazin de marchandifes étrangères; que ces marchands tirent de Francfort, Bafle, ou Zurfack, des marchandifes de cinquante façons différentes. Qu'entre ces cent marchands, il y en a qui portent à trois cent mille livres les achats des marchandifes étrangères; lui-même étoit autrefois de ce nombre, & il nous fait entendre qu'il y en avoit encore beaucoup d'autres : les plus foibles achats qu'il nous indique, font de cent mille livres.

Nous avons donc en Lorraine, fuivant cet écrivain, cent marchands qui faifoient en Allemagne & en Suiffe, un commerce, les uns de trois cent mille livres, les autres de cent mille livres. Mais pour ne rien outrer, nous fuppoferons que la moitié de ces cent marchands, ne faifoient des emplettes que pour cinquante mille livres chacun, ce qui nous donnera en premier lieu.................... 2500000 l.
Qu'un quart & demi, ou trente-fept, achetoit chacun pour cent mille livres; ce qui produira, en fecond lieu...................... 3700000 l.
                                        ⎯⎯⎯⎯⎯⎯⎯
                                        6200000 l.

De l'autre part.................. 6200000 l.
Et enfin , que les treize qui nous
reftent , le demi-quart par conféquent, achetoient chacun pour
trois cent mille livres , ce qui fera 3.900.000 l.

dont la fomme totale fera de...10.100.000 l.

2°. L'aveu des marchands eux-mêmes , vient
à l'appui de notre eftimation. Allarmés fur les
effets du tarif, ils ont publié conftamment &
hautement que le tarif les ruineroit, en fermant
l'entrée de la province à douze millions de
marchandifes étrangères , qui leur paffoient
par les mains.

D'après ces preuves, MONSEIGNEUR, ne
fommes-nous pas autorifés à foutenir, que les
importations étrangères font augmentées de
plus du double , depuis 1737 jufqu'en 1759 ?
N'avons-nous pas raifon de conclure contre
l'auteur , que cette liberté de commerce avec
l'étranger , a détruit nos manufactures & nos
fabriques en laines, en lins & en chanvres,
puifque leur deftruction eft venue par degrés ,
à proportion de l'augmentation fucceffive du
commerce de la Lorraine avec l'étranger , tandis qu'avant le progrès de ce commerce meur-
trier , nous avons vû nos manufactures & nos
fabriques floriffantes ? Et enfin, ne fommes-
nous pas en droit d'efpérer que le rétabliffement de ces mêmes manufactures , fera l'effet
heureux du tarif, qui détruira cette première
caufe de leur dépériffement ?

(11)

Nous avons dit que l'autre caufe du fâcheux
état de nos manufactures , eft l'entrée des provinces de France , fermée aux productions de
notre induftrie ; & l'influence funefte de cette
caufe , ceffera encore par l'établiffement du
tarif.

On exige aujourd'hui un droit de vingt à
vingt-cinq pour cent à l'entrée des provinces
de France , pour la plus grande partie des
marchandifes de Lorraine. Ces marchandifes
fe trouvent par-là fort augmentées de prix dans
les provinces de France. N'eft-il pas évident
que fi l'établiffement du tarif leve cette barrière , notre commerce actif avec la France
gagnera infiniment ? Alors nos verres , nos
fers , nos bois , nos planches , nos papiers , &c.
pafferont en France avec bien plus d'abondance qu'aujourd'hui. Les étoffes de laine , & les
toiles qui fortiroient de nos fabriques , pourront pénétrer dans la Champagne , du côté de
Rheims , dans la Picardie & même à Paris , où
des effais ont été envoyés & goûtés. Elles
pourront foutenir la concurrence des manufactures françoifes , affranchies qu'elles feront
des droits d'entrée , qui en ont jufqu'à préfent
arrêté le tranfport.

Il eft vrai que l'auteur des lettres dit , qu'en
donnant des exemptions *aux marchandifes pa-
trimoniales* de la Lorraine , à leur entrée en
France , on ne nous accorde *qu'une légère faveur.* p. 37. Mais lui-même , à la page 29. appelle ces exemptions , *des avantages très-précieux.*

Nous les avons toujours regardés comme abfolument néceffaires , & comme étant de la
plus grande importance pour la province.
C'eft la fubftance des juftes demandes que
nous avons faites au miniftère françois , depuis près de trente ans. Comment l'auteur des
lettres dément-il aujourd'hui fur cela des principes qu'il adopte ailleurs, & qui font auffi généralement reçus qu'ils font inconteftables ?

Mais, dit l'auteur des lettres , quels biens
nous apportera le tarif , relativement aux exemptions des droits dont nous ne jouiffions
déja ? Nous achetons, dit-il , dans les villes
françoifes toutes les marchandifes de leurs fabriques , fans payer , même hors le tems de
foire , comme les François, les droits des tarifs de 1664, 1667 , & des nouveaux Arrêts.
Nous recevons à meilleur prix , qu'aucune province de France , les marchandifes de France
& des Ifles Françoifes ; nos bois , nos grains,
nos beftiaux y font affranchis de tout droit;
nos verres , nos fers-blancs , & beaucoup de
productions de nos manufactures , obtiennent
journellement des décharges & des remifes
fur les droits d'entrée fixés par les tarifs, &c.
Nous avons donc peu de chofes à gagner à la
fuppreffion de la barrière entre la France &
nous ; ainfi nous ne devons pas être affujettis
au tarif.

Nous répondrons , 1°. que les exemptions
qu'on nous a accordées , ne fuffifent pas pour
ranimer notre commerce avec la France , qui

sera toujours languissant, tant que les productions de nos manufactures auront à supporter
des droits à l'entrée de ce royaume, & qu'il y
aura une barrière entre la France & nous.
L'auteur dit lui-même, en plus d'un endroit,
que notre commerce avec la France est ruineux pour nous. Sans adopter les calculs exa-
gérés qu'il présente des marchandises de France, qui s'importent en Lorraine, il est certain
que nous n'y faisons presque point de commerce actif ; & il est encore certain que le
grand obstacle à ce que nous en fassions, est
l'impossibilité où sont les productions de nos
manufactures, de soutenir la concurrence de
celles de France, après avoir payé des droits
à l'entrée du royaume.

2°. Nous ne pouvons pas raisonnablement
opposer au projet de tarif, des avantages dont
nous ne sommes redevables qu'aux principes
même sur lesquels on fonde la nécessité du tarif. Si on nous accorde des exemptions & des
modérations des droits établis, c'est que la
Lorraine faisant essentiellement partie de la
France, nous ne devons pas être regardés
comme étrangers par rapport à ce royaume ;
que nous sommes compatriotes & concitoyens
des François ; que contribuant aux charges de
l'état, il est juste que nous en partagions les
avantages. Mais toutes ces considérations si
équitables & si justes, tendent aussi à justifier
la suppression des bureaux entre la France &
nous, & l'établissement du tarif. Si nous som-

mes les citoyens d'un même état avec les François, les faveurs doivent être égales entre eux
& nous ; mais si nous voulons nous-mêmes
être regardés comme étrangers, ne pouvons-
nous pas craindre que le gouvernement françois ne nous traite comme tels, & ne nous re-
tire, ou ne nous refuse désormais des exemptions qui nous sont si nécessaires ?

Nous ne nous sommes pas refusés à ces réflexions, quoiqu'elles paroissent fournir des
armes contre nous-mêmes ; 1°. parce qu'elles
n'ont pas pû échapper au ministère françois,
& qu'en les faisant, nous ne disons rien d'in-
connu. 2°. Parce que nous sommes véritablement allarmés des inconvéniens qui résulteroient pour nos fabriques, du refus des faveurs
qui nous sont nécessaires pour notre commerce de France, que nous aurions désormais à
craindre, si le tarif n'a pas lieu : poursuivons.

L'auteur des lettres, pour nous faire révoquer en doute les avantages du tarif pour la
Lorraine, relativement à notre commerce
avec la France, entreprend de prouver que la
suppression des bureaux établis entre la France
& nous, fera verser en Lorraine toutes les marchandises de France, tandis que nous n'en
avons presque point à lui donner en échange,
& que ce commerce devenu absolument passif
pour la province, causera bientôt sa ruine entière. Il s'efforce ensuite de justifier ses craintes, en nous représentant toute la Lorraine
comme inondée actuellement des marchandises de France ; les villes des deux duchés com-

me remplies des marchandifes de luxe françoifes, & les gens de la campagne, comme
habillés des étoffes de France.

Nous ferons d'abord remarquer le défaut de
jufteffe de ce raifonnement de l'auteur des lettres. Si les marchandifes de France inondent
à préfent la Lorraine, fi, felon le calcul même
de cet auteur, les $\frac{2}{7}$ des confommations des
deux duchés font fournis par la France, que
refte-t-il donc à perdre à la province par l'établiffement du tarif ? comment repréfente-t-il
un inconvénient qui exifte actuellement, comme devant être la fuite d'un établiffement qui
n'exifte pas encore ?

L'auteur fournit auffi des armes contre lui-
même, par ce calcul exagéré de ce que la
France fournit à la Lorraine ; car on pourra lui
dire que, fi la France verfe chez nous tant de
marchandifes, c'eft parce que le tarif qui eft
établi dans les provinces de France qui avoifinent la Lorraine, en empêchant l'entrée des
productions de l'induftrie des Lorrains, a fa-
vorifé l'établiffement des manufactures dans
ces provinces françoifes ; ce qui juftifieroit le
tarif.

Mais les affertions de l'auteur des lettres fur
cet article, font manifeftement fauffes, & dé-
menties par lui-même en d'autres endroits de
fon ouvrage.

Ces affertions font fauffes ; car tout le monde
fait que la Lorraine tire de l'étranger la plus
grande partie des marchandifes qui s'y con-

fomment : des draps du nord , des droguèts &
des camelots d'Angleterre , des étoffes brochées & unies en foie, des fiamoifes & des
mouffelines de Suiffe ; une quantité immenfe
de toiles peintes du même pays , & beaucoup
d'étoffes de différentes efpèces , fabriquées
dans les villes d'Allemagne : il n'eft pas poffible de contefter ce fait qui eft fous les yeux de
tout le monde , fans fe rendre coupable de
mauvaife foi.

Dans la ville de Nancy , des deux cens vingt-
trois marchands qui y font établis , un feul entre
les magaziniers , tire toutes fes marchandifes de
France , trois ou quatre en tiennent à peine un
cinquiéme ; & dans le refte des deux duchés ,
nous avançons qu'à peine trouvera-t-on douze
marchands qui faffent un commerce direct avec
la France ; tous, ou prefque tous, tirent des
magazins de Nancy le peu de marchandifes
françoifes qu'ils vendent.

L'auteur des lettres dément lui-même ailleurs
fes propres affertions fur cela , en portant à des
fommes confidérables le commerce paffif de la
Lorraine avec l'étranger ; ce qui fuppofe que la
plus grande partie des confommations de la
province , eft fournie par les étrangers , & non
par la France ; & cet écrivain peut d'autant
moins fe refufer à cette conféquence , qu'il va
jufqu'à affigner la raifon de la préférence des
étoffes étrangères fur les étoffes de France ,
dans leur meilleur marché. Il n'eft donc pas
vrai, felon lui-même, que les étoffes de Fran-

ce

ce inondent la province ; mais on a déja dû remarquer que les contradictions ne lui coûtent rien.

Nous voyons donc dans la suppreſſion des bureaux entre la France & nous, & par conſéquent dans l'établiſſement du tarif, un vaſte champ ouvert aux productions de notre induſtrie, une circulation libre de nos marchandiſes & de nos denrées dans tout l'intérieur d'un grand royaume, un avenir heureux pour nos manufactures, & par une conséquence néceſſaire, l'encouragement de l'agriculture , & l'augmentation de l'aiſance & de la population.

Tout ce que nous venons d'avancer eſt fondé, comme on le voit, ſur cet unique principe, que pour rendre en Lorraine les manufactures floriſſantes, & y relever le commerce abattu, il faut fermer l'entrée de notre province aux productions des fabriques étrangères, & ouvrir la France aux productions des nôtres. C'eſt préciſément ce qu'on a dit il y a vingt-cinq ans, au moment de la ceſſion de la Lorraine à la France, dans un mémoire avoué par toute la province, qu'on attribue au pere même de l'auteur des lettres, & dans une circonſtance où l'on s'exprimoit avec liberté & vérité: voici ce qu'on lit dans ce mémoire.

» La diſpoſition préſente des affaires publi-
» ques, prépare un moyen qui pourra tout à
» la fois animer, & le manufacturier, & le

» marchand de laine. Ce moyen fera un plus
» grand débit, qui mettant ce premier plus au
» large du côté du profit, pourra en même
» tems le mettre en état d'exciter mieux par
» l'intérêt, la curiofité du marchand fur la
» préparation de fes laines.

» Ce plus grand débit pourra dériver de
» deux caufes : la première fera la ceffation du
» verfement des draperies de Vervier & autres
» manufactures du nord, qui fe répandent fi
» abondamment dans la Lorraine par la voie
» de Francfort, & le commerce de Hollande.
» Alors le regnicole n'ayant plus fous les yeux
» ces draperies étrangères, fera contraint à fe
» borner à celles de fon pays, dont le débit
» deviendra plus abondant, fans que l'argent
» forte de la province.

» La feconde voie confiftera à lever les bor-
» nes impofées jufqu'a préfent au commerce
» de Lorraine, limité en ce qui regarde la
» France, à une liberté réciproque de com-
» munication de vivres, denrées & marchan-
» difes entre ce duché & les trois évêchés.
» Ces bornes pourront être levées ; & la Lor-
» raine devenue une partie de la France, par-
» ticipera à une liberté générale de commerce
» dans tout le royaume.

» A la vérité, le premier moyen que l'on a
» propofé, femble former quelques difficul-
» tés, elles regardent le commerce de Hol-
» lande, qui jufqu'à préfent a fi fort enrichi les
» marchands Lorrains. L'interruption de ce

» commerce ne deviendra-t-elle pas préjudi-
» ciable au pays ?

» La réponse à cela a déja été prévenue par
» ce qui a été dit ci-devant. L'argent confer-
» vé dans le pays, le plus grand débit de dra-
» peries dans la Lorraine même , & fon com-
» merce ouvert & étendu dans tout le royau-
» me , bien au-delà des trois évêchés , forme-
» ront pour elle une avantageufe indemnité.

» En effet il faudra raifonner de la Lorraine
» unie & incorporée dans le royaume de Fran-
» ce, différemment de la Lorraine prife dans
» fa fituation préfente. Jufqu'à préfent il falloit
» que pour le foutien & l'embelliffement de
» fon commerce, elle eût des reffources hors
» d'elle-même ; mais les grands événemens
» auxquels on s'attend, lui en procureront
» dans fon union avec le grand tout dont elle
» fera partie. Alors le fyftême deviendra nou-
» veau, & les maximes d'état différentes à fon
» égard. Mais l'on s'arrêtera à ces réflexions,
» pour réferver aux grands maîtres dans l'art
» de gouverner les peuples, le droit de porter
» plus loin celles qui conviennent fur une pa-
» reille matière. »

Voilà les principes qui étoient univerfellement adoptés dans la province, au moment
de fa réunion à la France ; & on voit que ce
font précifément les nôtre. Cette conformité
nous juftifie.

Aprés avoir prouvé directement l'utilité du
nouveau tarif relativement à la Lorraine, nous

allons réfoudre les objections de l'auteur des lettres.

Vous pourrez être étonné, MONSEIGNEUR, que nous nous flattions de réfuter un ouvrage aufli volumineux que celui de l'auteur des lettres, dans un mémoire auffi court que celui que nous avons l'honneur de vous préfenter. Mais en laiffant de coté les déclamations de cet écrivain, les injures qu'il dit aux fermiers, & les raifons futiles qui ne méritent pas d'être difcutées, nous pouvons être courts, & remplir notre objet.

On peut réduire aux articles fuivans toutes les objections que fait l'auteur des lettres contre le tarif.

1°. L'établiffement des bureaux entre les deux duchés & les pays étrangers, fera perdre à la Lorraine tout le commerce actif qu'elle fait avec ces pays.

2°. Cet établiffement entraînera l'aviliffement du produit des terres, que les étrangers ne viendront plus acheter concurremment avec les François & les nationaux.

3°. Le tarif fera perdre aux Lorrains l'avantage qu'ils trouvent dans la liberté de leur communication avec les étrangers, de recevoir des matières premières, des denrées & des marchandifes de toute efpèce, à un prix plus modique & plus proportionné à leurs facultés, que ne les reçoivent les François foumis aux droits impofés par le tarif.

4°. La Lorraine perdra tout le commerce

d'économie & d'entrepôt qui l'enrichiſſoit:

5°. Le nouveau tarif n'eſt pas une Loi d'adminiſtration, mais ſeulement une loi burſale,
inventée par les traitans & les travailleurs en
finances.

Nous allons faire voir la foibleſſe de ces objections.

Une remarque générale ſuffira pour répondre à la première. Le tarif ne peut être funeſte
au commerce actif de la Lorraine, que parce
qu'il augmenteroit pour l'étranger, ou le prix
des denrées, ou celui des matières premières,
ou celui de nos ouvrages manufacturés, en
leur faiſant ſupporter un droit de ſortie qu'elles
ne payent point aujourd'hui. (Tous les objets
de commerce peuvent ſe rapporter à l'une de
ces trois claſſes.)

Quant aux matières premières, ſi les droits
qu'elles feront obligées de payer à la ſortie,
en diminuant le prix pour les Lorrains, favoriſent le progrès de leur induſtrie & l'établiſſement des manufactures, la province ne peut
que gagner beaucoup à l'établiſſement du tarif, puiſque c'eſt un principe de commerce
qu'il eſt plus avantageux à une nation de mettre elle-même en œuvre ſes matières premières, que de les vendre brutes.

Des droits de ſortie payées par les marchandiſes manufacturées, ne peuvent pas détruire
cette partie de notre commerce actif. Ces
droits qui ne ſont pas fixés, ne le ſeront ſans
doute que d'une manière qui permettra encore

aux productions de notre induftrie de foutenir
la concurrence des productions des manufactures étrangères dans le pays que nous appro-
vifionnons aujourd'hui ; nous devons en être
d'autant plus perfuadés, que c'eft fur la fixation même de ces droits que nous fommes
confultés. Le miniftère qui a pour objet de
rendre plus floriffant le commerce du royaume, & par conféquent celui de la Lorraine,
qui en fait éventuellement partie, manqueroit
fon but fi des droits exceffifs nuifoient à nos
exportations : il n'eft pas raifonnable de lui
fuppofer le projet infenfé & contraire à fes
propres intérêts, d'anéantir le commerce de
la Lorraine, fans aucun fruit pour les anciens
fujets de la couronne. A la vérité, l'auteur des
lettres part, dans tout fon ouvrage, d'après
cette fuppofition ; mais elle n'en eft ni plus
équitable, ni plus vraifemblable. Si donc on
impofe des droits fur nos marchandifes, on
les déterminera fans doute à une quotité telle,
qu'en fourniffant à l'état le fecours dont il a
befoin, elle ne nuira pas à notre commerce
au-dehors, fans lequel l'état entier perdroit de
fa richeffe & de fa force. L'intérêt de la France même fe trouvant indivifiblement lié avec
le nôtre à cet égard, c'en eft affez pour raffu-
rer fur les fuites du tarif, relativement aux exportations de nos ouvrages manufacturés.

Enfin le commerce des denrées de la province ne fouffrira pas davantage de l'établiffement du tarif, par la raifon générale que ces

denrées étant presque toutes soumises à des droits modiques, se trouveront également convenir aux étrangers qui les achetoient : l'auteur des lettres n'apporte aucune raison du contraire, qui mérite la peine d'être réfutée.

Un seul article de nos denrées peut faire ici quelque difficulté ; les droits imposés sur les vins à leur sortie, pourront en diminuer l'exportation. Mais n'avons-nous pas lieu d'espérer que ces droits, qui ne sont pas encore fixés, ne seront pas portés à une quotité trop considérable, pour nuire à cette partie intéressante du commerce de notre province ? L'auteur des lettres, au lieu de se livrer à des déclamations, n'auroit-il pas mieux fait d'examiner soigneusement quels droits peut supporter cette denrée, qui n'étant pas, après-tout, de première nécessité, comme les grains, ni d'une aussi grande importance pour l'état, & relativement à d'autres circonstances, peut être soumise à certaines impositions plntôt que d'autres denrées ?

N'auroit-il pas mieux fait de proposer les raisons qui nous font desirer que le droit proposé dans le projet de tarif, soit diminué, & de déterminer jusqu'à quel point il doit l'être ? mais il étoit incapable de cette discussion modérée. Quoiqu'il en soit, nous avouons que cet article doit être examiné avec soin, & nous espérons que le ministère aura égard sur cela aux représentations de la province, soit en diminuant généralement les droits sur les

vins, foit en mettant à couvert, à cet égard
par quelqu'autre moyen , les intérêts de la
Lorraine, qui font indivifiblement liés avec
ceux du royaume entier.

Mais quel eft donc, après-tout, ce commerce étranger , pour lequel l'auteur des lettres paroît fi allarmé ? A l'entendre, il eft
confidérable ; il enfle prodigieufement notre
commerce actif avec les étrangers, avec
Francfort, & avec les Suiffes en particulier,
& réduit prefque à rien les marchandifes que
nous en recevons : fur l'un & fur l'autre de ces
objets, il en impofe à fes lecteurs.

Nous achetons à Francfort des indiennes
& des toiles blanches , des draps d'Angleterre,
appellés vulgairement draps du nord, (quoique depuis quelque tems nos marchands en
faffent venir une grande quantité d'Angleterre
même,) & une infinité d'étoffes, à l'inftar de
celles qui fe fabriquent dans les manufactures
de France, & qu'on pourroit imiter facilement en Lorraine. D'un autre côté, fi nous en
croyons des marchands mêmes, nous n'envoyons rien, ou prefque rien, à Francfort, fi
l'on en excepte des dentelles de Mirecourt,
& quelques autres objets d'une très-petite importance. L'auteur des lettres fait mention
d'huile de navette & d'eau-de-vie. Ces huiles
de navette reviennent fouvent dans fon ouvrage ; à l'en croire, nous en faifons des en-
vois en Suiffe, dans le pays du Luxembourg,
dans le comté de Chiny, & dans toutes les

autres principautés qui nous avoisinent. Pour fournir à tant d'exportations, il faudroit qu'une grande partie du territoire de la province fût occupée par cette culture, & le fait est qu'elle n'est pas aussi considérable qu'il veut le faire entendre.

L'auteur des lettres nous trace un tableau tout aussi infidéle du commerce de la Lorraine avec la Suisse ; si nous l'en croyons, les emplettes que nous faisons chez les Suisses se bornent à bien peu de choses, à des toiles peintes & blanches, à quelques rubans & quelques merceries, & nous leur donnons en échange des sels, des bleds, des eaux-de-vie, des huiles de navette, des vins, des chandelles, des laines, des drogues, des teintures, &c.

Tout ceci n'est pas exact.

Parmi les objets de notre commerce actif avec les Suisses, l'auteur des lettres parle de vins, & il ne s'en exporte presque point en Suisse, ni de bleds; & il est prouvé, par le relevé des bureaux de l'intendance, que les Suisses n'en tirent que fort peu & fort rarement, & cela seulement lorsque cette denrée est rare ou chere chez leurs autres voisins. On doit dire la même chose de nos eaux-de-vie & de nos huiles. Pour les huiles en particulier, depuis deux ans ils les ont fort négligées, & généralement ils n'en prennent que lorsqu'elles sont à très-bas prix. Les chandelles, dont parle l'auteur des lettres, sont aussi un très-petit objet, & ce commerce se réduit à quelques caisses de peu de valeur.

Le feul commerce actif de notre province
avec les Suifles, qui mérite quelque confidé-
ration, eft celui de nos laines & celui de nos
fels ; mais il y a quelques obfervations à faire,
qui réduifent à leur jufte valeur les exagérations de l'auteur des lettres fur cette matière,
& qui détruifent les conféquences qu'il veut
en tirer.

La première, eft que la vente de nos laines
aux Suifles, n'eft pas un bien pour la Province, puifque c'eft une matière première qu'il
nous feroit plus avantageux de fabriquer que
de vendre brute pour la racheter enfuite ma-
nufacturée.

La feconde, que nos fels font pour les Suifles
une denrée de néceffité, qu'ils acheteront toujours chez nous, parce que nous fommes leurs
plus proches voifins, & qu'ils les acheteroient
plus chers chez les autres. Ajoutons que ce
fel étant entre les mains des fermiers duRoi,
ne peut être regardé comme un objet de
commerce de la province, qu'on puiffe faire
valoir comme une partie de fon commerce
actif, lorfqu'il eft queftion d'eftimer les effets
du tarif. Que le tarif s'établiffe en Lorraine,
ou non, cette partie du commerce actif ne
peut être fujette à aucun changement ; on ne
voit donc pas à quel propos l'auteur des lettres fait ici mention de notre commerce de
fel avec la Suiffe, ni quelle conféquence il
prétend tirer de fes obfervations fur cela contre le projet du tarif.

Quant aux marchandifes que nous recevons des Suiffes, on a vû que l'auteur des lettres dit, comme en paffant, que nous tirons d'eux des toiles peintes & blanches, quelques rubans & quelques merceries. Voilà un expofé bien modefte ; mais il faut favoir que ces toiles, ces rubans & ces merceries, font des objets de la plus grande importance, dont l'importation eft infinimenr funefte à la Lorraine, & qui font bien plus confidérables que l'auteur des lettres ne le prétend

Ces objets de commerce font la rubannerie en foie, fleuret & fil ; des mouchoirs de foie de toutes qualités ; des fiamoifes trois quarts, cinq quarts ; toiles à carreaux, toiles de coton, de coton & fil, de coton brodé, de coton & foie brochées ; des étoffes de foie unies, façon de gros de Tours ; étoffes damaffées, étoffes de coton & foie, filofelle & foie, &c. des quincailleries de toutes efpèces ; des bonneteries de toutes qualités, en foie, laines peignées & cardées. Voilà, Monseigneur, l'objet du commerce de nos marchands avec la Suiffe, qui s'augmente tous les jours, & qui favorife chez nos rivaux, l'établiffement d'une infinité de fabriques, tandis qu'il eft un obftacle continuel à la profpérité & à la multiplication des nôtres.

Il eft bien à fouhaiter, pour les intérêts de la province, que le tarif propofé vienne retrancher les trois quarts & demi de ce ruineux commerce ; on conferveroit dans le pays des millions que nous allons porter aux Suisses pour des marchandises que tout nous invite à fabriquer chez nous, dont la fabrication nourriroit & entretiendroit des milliers de familles.

Tous les détails qu'on vient de voir sont très-directement relatifs à la question que nous traitons, & nous fournissent contre l'auteur des lettres l'argument suivant, qui suffit pour nous rassurer sur les suites du tarif par rapport à notre commerce avec l'étranger. Le commerce qu'il est le plus important de conserver à la province, est sans doute son commerce actif; (nous parlerons plus bas de son commerce interlope.)

Si ce commerce, sans être soumis au tarif, avoit prospéré, on seroit peut-être autorisé à craindre que le changement qu'on veut introduire ne fût funeste à la Province ; mais il est manifeste que la Lorraine n'a que fort peu de commerce actif, & que son commerce passif est au contraire infiniment considérable. Que craint-on donc du tarif ? Ne doit-on pas espérer au contraire qu'il procurera à la province la diminution du commerce passif, & l'augmentation du commerce actif, la vraie source de la richesse & de la force d'un pays ?

Nous ne pouvons pas nous dispenser à ce sujet de relever les contradictions de l'auteur des lettres avec lui-même, lorsqu'il parle de l'état du commerce de la Lorraine ; il en fait deux tableaux absolument différens l'un de l'autre.

Lorsqu'il veut rendre le tarif odieux, & prouver que la Lorraine ne peut pas se passer de marchandises étrangères, il dit, qu'à *l'aspect du tarif, on verra disparoître des familles chassées par le besoin, & qui iront chercher chez l'étranger une subsistance qu'elles ne trouveront plus dans leur patrie,* lettre IV. Que la pauvreté de la Lorraine ne permet pas à ses habitans de se vêtir d'autres étoffes que de toiles peintes & d'étoffes étrangères, &c. dont l'usage s'accorde mieux, dit-il, avec leur médiocrité & l'état de leur bourse.

D'un autre côté, lorsqu'on lui oppose que le tarif est nécessaire en Lorraine pour y favoriser les progrès de l'industrie, qui y est languissante, pour y élever des manufactures, &c. le même écrivain prétend que le commerce de la Lorraine n'a pas besoin de ces ressources; que notre industrie *a réalisé le fameux projet de Lucius Verus, de joindre les deux mers par un canal, entre la Saone & la Moselle;* que depuis quarante ans *il s'est établi dans les deux duchés, un nombre considérable de négocians habiles, qui connoissent avec précision les lieux où croissent & ou se fabriquent les denrées & les marchandises nécessaires à tout genre de consommation, & qui ont des correspondances directes avec toutes les places de l'Europe;* que nos compatriotes font passer en Allemagne & en Hollande des marchandises de toute espèce: en un mot, que la Lorraine a un commerce florissant & plus florissant que celui des provinces de France assujetties au tarif;

cette contradiction si marquée regne dans tout son ouvrage. Il s'en est sans doute apperçu ; mais il a cru que ses lecteurs ne s'en appercevroient pas, & il s'est trompé : de ces deux tableaux si différens, le premier est le seul vrai. Le commerce actif de la Lorraine est dans un état languissant, & a besoin d'être ranimé par toutes sortes de moyens ; mais supposons qu'il est aussi considérable que le prétend l'auteur des lettres, & examinons les raisons sur lesquelles cet écrivain s'appuie, pour avancer que sa destruction entière sera l'effet de l'établissement du tarif.

Les étrangers, dit-il, ne recevront plus rien de nous, si leurs marchandises manufacturées sont taxées à l'entrée de la province ; ils se vengeront de ce que nous aurons imposé les leurs en imposant les nôtres, ou même en les prohibant absolument.

1°. Les différens peuples qui reçoivent les productions de notre sol, ou de notre industrie, les reçoivent, ou parce qu'elles sont nécessaires à leur consommation, ou parce qu'elles leur sont utiles pour un commerce qu'ils font avec un pays plus éloigné de nous qu'ils ne le font eux-mêmes ; ou parce que, sans être ni nécessaires, ni simplement utiles, elles leur sont agréables. Dans tous ces cas, la mauvaise humeur, quelque forte qu'on la suppose, ne sera jamais capable de les déterminer à se passer de nos denrées & de nos marchandises : un motif aussi puérile ne les

engagera pas à se passer de ce qui leur est nécessaire, ou à se priver de ce qui leur fournit
la matière d'un commerce lucratif, ou de ce
qui leur est simplement agréable. Penser différemment, ce seroit mal connoître les hommes.

Nous remarquerons à ce sujet, qu'il ne tient
pas à cet écrivain que les princes voisins ne
s'arment en effet contre le tarif, & ne se ven-
gent du ministère françois, en interdisant à
leurs sujets tout commerce avec nous ; c'est
pour cela qu'il exagere le tort que fera le tarif
aux pays étrangers qui nous avoisinent. Il va
sonnant le tocsin dans le cabinet de ces princes ; il les rappelle aux traités faits entr'eux &
les ducs de Lorraine & de Bar ; il les fait sou-
venir qu'ils ont aussi le droit de proscrire les
marchandises de France ; il regrette que leurs
oppositions ne se fassent pas sentir : en un mot,
tout son ouvrage respire par-tout la passion,
& un projet formé de rendre odieuse une des
démarches du ministère, les plus sages, les
plus conformes au bien du commerce, & les
plus ardemment souhaitées par tous les bons
citoyens.

Mais il suffit encore ici, comme sur beaucoup d'autres assertions de l'auteur des lettres,
de l'opposer lui-même à lui-même. On vient
de voir que, selon cet écrivain, l'établissement du tarif est tout-à-fait injuste, par rapport aux nations étrangères ; que les Allemands, les Suisses, les Hollandois, ne man-

queront pas de reclamer & de fermer pour re-
préfailles, l'entrée de leurs pays à toutes les
marchandifes de France & de Lorraine : toutes
ces déclamations fe trouvent dans la feptiéme
lettre, pag. 175, 176 & 184. Or, dans la
même lettre, le même auteur prétend que les
princes voifins *ne feront pas fâchés* de l'établiffement du tarif. Que *depuis l'édit des cuirs, qui a
affimilé la prévôté de Sarlouis à la France, quant à
cette partie, les Allemands, nos voifins, font devenus les tanneurs & les cordonniers de toute la prévôté ; que les marchands de Deux-Ponts & des
villes étrangères qui bordent la Sarre, fe félicitent
d'avance de l'établiffement du tarif, & fe flattent
que leur commerce va revenir infiniment plus floriffant,* &c. Comment l'auteur des lettres a-t-il
pû fe permettre des contradictions fi groffières ?

Si les princes Allemands ont tant d'avantage à efpérer de l'établiffement du tarif en Lorraine, ils ne chercheront donc pas à fe venger
de la France, en fermant l'entrée de leurs états
aux denrées & aux marchandifes des deux duchés ; ou, s'ils ont à fe venger, l'établiffement du tarif ne leur aura donc pas été avantageux , au préjudice de la France & de la
Lorraine.

Ajoutons une réflexion, qui fera fentir la
foibleffe de cette objection de l'auteur des lettres. A l'entendre, les habitans de Francfort
ne voudront plus prendre nos denrées, fi on
impofe un droit à l'entrée en France fur les
marchandifes que nous achetons aux foires

de Francfort. Pour détruire ce raifonnement,
il fuffit de remarquer que les foires de Francfort font formées principalement par le concours des marchands Suiffes, qui y portent
leurs mouffelines, leurs indiennes, leurs toiles blanches; des Saxons, des Brandebour-
geois, des Bohémiens, qui y conduifent des
étoffes de différentes efpèces & de quantité;
& d'autres peuples d'Allemagne encore plus
éloignés de nous.

Dire donc, avec l'auteur des lettres, que
les habitans de Francfort ne tireront plus nos
marchandifes & nos denrées, parce que les
marchandifes achetées à leurs foires feront fujettes à des droits d'entrée en Lorraine, c'eft
prétendre qu'ils prendront parti pour les Suiffes, les Saxons, les Bohémiens, les Pruffiens,
&c. ce qui eft abfurde.

Enfin, comme les habitans de Francfort
achetent nos denrées, non pas pour nous
obliger, mais bien pour les revendre aux
peuples de l'Allemagne, qui font plus éloignés de nous qu'eux-mêmes, & que ce tarif
n'empêchera pas que ce commerce ne continue de leur être avantageux, ils le continueront.

Mais ce n'eft qu'à la faveur des contre-voitures, dit l'auteur des lettres, que les habitans
de Francfort nous enlevent nos denrées;
ainfi, s'ils ceffent d'apporter leurs marchandifes en Lorraine, ils cefferont d'en enlever
les productions. L'auteur des lettres fait beau-

coup valoir cet argument, qu'il applique auffi à notre commerce avec la Suiffe.

Nous répondrons; 1°. la plus grande partie du commerce actif que nous avons avec Francfort, fe fait dans les tems des foires : or, pour les exportations que nous faifons aux deux foires de Francfort, nous ne nous fervons pas de contre-voitures. Tel eft en particulier notre commerce de dentelles de Mirecourt, (qui, felon le calcul même de l'auteur, font l'article le plus confidérable de notre exportation); nos marchands les portent eux-mêmes à la foire, pour les vendre aux commerçans de différentes nations qui y abordent, & ce commerce eft abfolument indépendant des contre-voitures. Ajoutons, qu'il eft abfurde de fuppofer que les voitures foient un objet de quelque importance dans un commerce de dentelles.

2°. Pour qu'on puiffe craindre raifonnablement la diminution de notre commerce actif avec Francfort, à raifon du défaut de contre-voitures, il faudroit que le nouveau tarif diminuât les importations des marchandifes qui nous viennent de Francfort affez confidérablement, pour que la quantité des voitures employées à cette importation chez nous, ne pût pas fuffire à exporter ce que nous envoyons nous-mêmes actuellement à Francfort. Or, en accordant à l'auteur des lettres que l'établiffement du tarif diminuera les importations étrangères, s'il eft de bonne foi , il doit convenir que ces importations demeureront toujours assez considérables pour nous procurer le peu de contre-voitures dont nous avons besoin pour nos propres exportations, puisqu'après tout, l'importation des étrangers surpasse de beaucoup notre exportation actuelle, & qu'à peine la dixiéme partie des voitures de Francfort sert-elle de contre-voitures pour nos denrées dans l'état actuel des choses; que si, comme cela doit arriver, nos exportations augmentent, cette augmentation même nous mettra en état de supporter les frais de voitures, même sans avoir des retours.

3°. Quoique en matière de commerce, il faille calculer les plus petites économies, il est cependant déraisonnable de supposer qu'un commerce fondé sur des besoins, tel que celui que les habitans de Francfort, ou plutôt les marchands de diverses nations qui se rassemblent à ces foires, ont avec nous, qu'un commerce, dis-je, de cette nature soit anéanti, parce qu'il se fera sur les frais de transport une augmentation presqu'insensible. Or l'augmentation résultante du défaut de contre-voitures ne sauroit être considérable ; un voiturier qui retourne, ne donne pas sa voiture pour rien au négociant qui veut lui faire un chargement.

4°. L'auteur des lettres, qui fait valoir si fort l'avantage des contre-voitures, n'a pas fait attention que cet avantage tourne entierement au profit de nos rivaux ; car, au moyen de ce

que nous ne commerçons avec eux que par des
contre-voitures, ce font eux qui retirent tout
le bénéfice de la voiture. Ce font les Liégeois
qui viennent en Lorraine, & qui y font d'a-
bord fur leurs cuirs, & enfuite fur nos vins,
le bénéfice du tranfport. Croira-t-on que la
petite diminution de prix que peut nous faire
un voiturier Liégeois, dédommage la province de ce qu'elle ne tranfporte pas elle-même
fes denrées avec fes hommes & fes chevaux?

Nous ne nous étendrons pas davantage fur
cette réflexion, qui doit fe préfenter à toutes
les perfonnes un peu inftruites en matière de
commerce, & qui eft échappée à l'auteur des
lettres.

5°. L'auteur des lettres a-t-il calculé avec
précifion ce qu'il en coûtera de plus? Eft-il fûr
que les denrées & les marchandifes que nous
envoyons à Francfort, ne peuvent fupporter
aucune augmentation de prix chez l'étranger,
fans être entierement abandonnées? Que ce
commerce tient abfolument à tel & tel prix
des voitures? Que nos négocians même, en
les fuppofant obligés d'envoyer à droiture, ne
trouvent pas des reffources d'économie qui les
dédommageront du défaut de contre - voitures? &c.

On voit par ces détails, que nous pourrions
pouffer plus loin, avec quelle affectation l'auteur des lettres groffit de petits objets, pour en
faire des monftres, & avec quelle légereté il
décide par des affertions vagues, une queftion

de commerce qui demanderoit une grande
connoiffance des détails.

Pour terminer ce que nous avons à dire du
commerce actif des deux duchés avec les pays
étrangers, nous remarquerons qu'outre Francfort & les Suiffes, dont nous avons parlé dans
ce qu'on vient de lire, le peu de commerce
actif que nous avons, fe fait avec le pays de
Luxembourg & le comté de Chiny, la principauté de Salm, le duché des Deux-Ponts, le
comté de la Leyne & de la Hollande.

Le pays de Luxembourg & le comté de Chiny reçoivent de nous des bleds, des vins, des
papiers & des huiles. La principauté de Salm,
les Deux-Ponts, le Comté de la Leyne, des
étoffes, des cuirs tannés, des peaux apprêtées,
des bleds, des vins, des eaux-de-vie, des huiles, des fers, des chandelles, des crins, &c.
la Hollande, des aciers & des bois. Ces objets
de commerce font, ou des matières qui ont
reçu une nouvelle valeur dans nos manufactures, qui ne payeront que des droits de fortie
modérés, avec lefquels elles pourront encore
le difputer aux productions des manufactures
étrangères, ou des denrées de néceffité, comme des bleds, des grains, des huiles, dont les
droits de fortie font ou nuls, ou modiques.
Pour la Hollande en particulier, le droit de
fortie fur les matières qu'elle prend de nous, ne
peut être & ne fera que modique ; & un droit
modique ne rebutera pas des confommateurs,
fur-tout pour des marchandifes qui font pour

eux d'une grande néceffité. Les Hollandois peuvent difficilement fe paffer de nos fers, de nos aciers & de nos bois ; ces mêmes marchandifes ont été conftamment plus cheres dans la guerre préfente, de plus de 30 pour cent, fans que les exportations en foient diminuées. On voit par-là combien les craintes qu'il veut infpirer, feroient frivoles & mal-fondées.

Enfin une dernière réflexion de l'auteur des lettres contre le projet de fermer l'entrée de la Lorraine aux productions des manufactures étrangères, eft que les habitans des deux duchés s'expatrieront ; *parce qu'ils ne pourront plus ufer de telles & telles étoffes, dont leur goût & leur économie leur faifoient defirer l'ufage, & parce qu'ils les envieront à leurs voifins étrangers, qui, à quatre pas d'eux, ignorent cette efpèce d'entraves : & quelles confidérations pourroient les retenir ?*

Nous pouvons dire d'abord que le defir de fe vêtir d'une certaine efpèce d'étoffe plutôt que d'une autre, ne peut jamais être une raifon fuffifante de s'expatrier, & qu'il ne faut pas de grandes confidérations pour retenir des gens qui n'auroient pas de plus puiffans motifs. Nous n'avons point vu d'émigrations des habitans de la Champagne en Lorraine, quoiqu'on ait pu fe vêtir en Lorraine de toiles étrangères & de draps anglois, ce que ne pouvoient pas les Champenois. Les émigrations paffées, dont l'auteur des lettres parle, n'ont rien de commun avec le tarif, qui n'étoit pas encore établi lorſque la province en a ſouffert. On doit en conclure au contraire que puiſque ces émigrations ont eu lieu dans un tems où la province jouiſſoit des priviléges pour leſquels l'auteur des lettres combat avec tant de chaleur ; ces priviléges, cette liberté qu'il vante tant, ne ſuffiſent donc pas pour maintenir la Lorraine dans un état heureux. Il n'eût pas été difficile, dit l'auteur des lettres, de retenir les familles fugitives, elles ne demandoient que du pain. Ces familles manquoient donc de pain, quoique la province ne fût pas accablée ſous le joug du tarif, elles manquoient de pain ; quoique le commerce d'entrepôt, ſource féconde de richeſſes & d'aiſance pour la Lorraine, ſi l'on en croit l'auteur, quoique ce commerce fût abſolument libre ; elles manquoient de pain, mais c'eſt préciſément pour leur en procurer, qu'il faut travailler à ranimer l'induſtrie nationale, ſans laquelle il n'y a jamais d'aiſance pour le peuple.

Ainſi l'auteur des lettres eſt bien mal-adroit de citer ces émigrations & cet état fâcheux de la Lorraine, en combattant l'établiſſement du nouveau tarif ; car il fortifie par-là notre grand argument. Si la province eſt malheureuſe, lui dirons-nous, c'eſt que le commerce d'entrepôt, à plus forte raiſon le commerce de contrebande auxquels la Lorraine eſt réduite, ne ſuffiſent pas pour y répandre l'aiſance, enrichiſſent quelques particuliers, ſans fournir au peuple des moyens ſuffiſans de ſubſiſtance, &

que le commerce fondé fur les productions du
fol & fur les travaux des manufactures, eft le
feul qui puiffe entretenir l'abondance & la population qui en eft la fuite. Or, continuerons-
nous, le tranfport des bureaux entre l'étranger
& la Lorraine, eft le feul moyen de favorifer
l'établiffement des manufactures, & par contre-
coup l'agriculture même, en répandant l'ai-
fance chez les habitans de la campagne. L'auteur des lettres devoit donc toujours dire que
la Lorraine étoit dans un état très-floriffant,
comme il le dit en quelques endroits ; mais la
vérité eft que la Lorraine fouffre infiniment de
cette liberté que l'auteur des lettres préconife,
& la vérité eft plus forte que la mauvaife foi.

Paffons à la feconde objection de l'auteur
des lettres. L'établiffement des bureaux entre
l'étranger & nous, entraînera l'aviliffement
du produit des terres, que les étrangers ne
viendront plus acheter concurremment avec
les François. Cette objection fait la matière
de la douziéme lettre, & c'eft fans difficulté
celle qui eft la plus plaufible ; nous allons cependant faire voir qu'elle a plus d'apparence
que de folidité.

Nous convenons d'abord avec l'auteur des
lettres, *que ce n'eft pas toujours une mal-adreffe de
vendre fes matières premières, au rifque de les racheter manufacturées ;* mais cette conduite ne
peut être bonne en économie politique que
dans certains cas, avec certaines conditions ;
& nous avançons que la Lorraine n'eft point

dans ce cas , & que l'exportation des matières premières est pour cette province, dans les circonstances où elle se trouve , un vice destructif de tout commerce.

Si l'on suppose un pays où les besoins des habitans soient remplis à peu-près aussi abondamment que dans les autres sociétés policées & voisines, ou la richesse & la population soient , relativement à l'étendue & à la fécondité du sol, aussi grandes que dans les pays voisins ; que ces avantages soient dans une pareille nation , ou l'effet de l'agriculture & du commerce des denrées que la terre produit , vendues brutes aux étrangers, ou celui des travaux des manufactures ; c'est une chose indifférente à ce pays & à cette nation.

La société y est nombreuse , forte & riche ; par quelque route qu'elle soit arrivée à ce but, l'objet de la législation est rempli.

Mais si un pays est pauvre & mal-peuplé, moins riche, moins heureux & moins florissant que les pays qui l'environnent , & qu'on recherche les causes du mal , on ne pourra les trouver que dans le *négligement* des travaux de l'agriculture & de ceux de l'industrie. Tel est l'état de la Lorraine ; elle n'est ni aussi riche , ni aussi peuplée qu'elle pourroit & qu'elle devroit l'être.

L'auteur des lettres le dit lui-même en plus d'un endroit ; & quand il n'en conviendroit pas, le fait est sous les yeux de tout le monde. C'est donc en partie dans le défaut des manu-

factures que le mal prend fa source ; la défenfe
d'exporter les matières premières peut donc
être un bien relativement à la Lorraine, quoiqu'abfolument, & dans des circonftances différentes , *ce ne foit pas toujours une mal-adreffe de
vendre fes matières premières , pour les racheter enfuite manufacturées.*

Ce n'eft pas toujours une mal-adreffe pour
une nation de vendre une partie de fes matières premières brutes , lorfqu'une autre partie de
fes matières premières mifes en valeur par les
travaux de l'induftrie , fournit à cette nation
des profits plus grands que ceux qu'elle auroit
fait en travaillant toutes fes matières premières.

Si les Lyonnois recueillent des chanvres , il
peut être de leur intérêt de les vendre brutes ,
& d'acheter des toiles toutes faites , pour appliquer tots les bras de la province à fabriquer
des étoffes de foie , dont la vente fournira à la
province des profits plus grands que la fabrication de quelques toiles. Mais fi après avoir appliqué aux manufactures de foie autant d'hommes que l'état du commerce en demande, il
refte des bras oififs , il fera plus avantageux aux
Lyonnois de fabriquer des toiles , que de vendre leurs chanvres aux étrangers : les Lorrains
font affurément dans ce dernier cas.

Mais defcendons dans quelques détails.

1°. La concurrence des étrangers eft bien
une des caufes qui foutiennent le prix des matières ; mais ce n'eft pas la feule. Dans un pays
fermé aux étrangers , mais riche en manufactu-

res de toile, la culture du chanvre peut être
plus encouragée par la concurrence des seuls
nationaux entre eux, que par celle des étrangers avec les nationaux. Que sera-ce si les nationaux ne les disputent pas aux étrangers?
croit-on que les cultivateurs y gagneroient?
c'est-là cependant ce qui arrive en Lorraine.
L'auteur des lettres dit que les laines s'aviliront, si les étrangers n'entrent pas en concurrence avec les nationaux, & nous disons qu'elles s'aviliront davantage, si les nationaux n'entrent pas en concurrence avec les étrangers.

2°. Indépendamment de la concurrence des
nationnaux, l'établissement des manufactures
favorisé par la prohibition de la sortie des matières premières, dédommagera avec usure le
cultivateur de ce défaut de concurrence des
étrangers. Quand ces laines se vendroient un
peu moins chèrement, si la population & lai-
sance, suite nécessaire de l'établissement des
manufactures, lui font vendre ses autres denrées à meilleur prix, il gagnera encore à la prohibition de la sortie des laines.

3°. Si, aujourd'hui que le tarif n'a pas lieu,
& que la sortie des laines de Lorraine est entiérement libre, la culture de cette matière première étoit dans un état florissant, on pourroit
attribuer à bon effet la concurrence des étrangers, & craindre que le tarif ne fût funeste à la
Lorraine, en détruisant cette concurrence;
mais dans le fait, & par l'aveu même de l'Auteur, cette concurrence n'a ni encouragé la

multiplication des beftiaux, ni perfeâionné les laines. Car dans la même lettre il dit, que nos laines font fort médiocres, qu'elles ne conviennent aux étrangers que quand la récolte eft abondante, c'eft-à-dire quand elles font à bas prix; que l'émulation des cultivateurs fur cet objet de commerce, a befoin d'être aiguillonné; que nous avons des villages entiers dépourvus aujourd'hui de troupeaux,&c. Où font donc les beaux effets de cette concurrence des étrangers? Qu'avons-nous donc à craindre de la prohibition de la fortie des laines, puifque la liberté n'a produit aucun bien? Voilà encore un exemple des contradiâions familières à l'Auteur des Lettres.

Mais, dit cet Ecrivain, *fi on livre les bergeries de Lorraine à nos fabriquans, exclufivement aux étrangers, on rendra l'état fabriquant d'étoffes de laine, tandis que, par fa conftitution, il doit être laboureur & pafteur. C'eft méconnoître les droits du plus grand nombre, contre une poignée d'hommes qui font les apôtres de la liberté du commerce, quand elle les fert, mais qui en deviendroient les deftructeurs & les tyrans, quand elle contrarie leurs intérêts perfonnels.*

Voilà des idées fauffes, des contradiâions & des injures.

En nous livrant les laines de la Province, en encourageant nos fabriques, les manufactures de laine pourront profpérer; mais l'état n'en deviendra pas pour cela fabriquant d'étoffes de laine. L'agrandiffement des manufactures a des bornes néceſſaires, déterminées par l'étendue de la conſommation tant intérieure qu'extérieure, par la néceſſité des autres genres d'induſtrie & de travaux, pour ſatisfaire aux autres beſoins, & par une infinité d'autres circonſtances.

D'ailleurs, quel inconvénient l'Auteur trouveroit-il à ce qu'un pays entier fût principalement appliqué à la fabrique des étoffes de laine? N'y a-t-il pas des provinces de France & des autres états de l'Europe, dont les habitans ſont principalement appliqués à un ſeul genre d'induſtrie, pourvû que ce genre d'induſtrie leur fourniſſe par le commerce toutes les choſes dont ils ont beſoin? Quel mal y a-t-il que ce pays ne ſoit ni agriculteur, ni paſteur? Mais il ſera l'un & l'autre à-la-fois.

Il eſt telle province dont les productions du ſol ſont au moins auſſi variées que celles de la Lorraine, & très-riches en fabriques de laine : ces deux choſes ne s'excluent pas l'une l'autre, & peuvent ſe réunir.

Pour les injures que l'Auteur des Lettres nous adreſſe, elles ne valent pas la peine d'être relevées. Nous n'avons ni le pouvoir, ni le deſir de tyranniſer la liberté de commerce, ſans laquelle aucun genre d'induſtrie ne peut proſpérer. Nous ne recueillons ce que dit ſur cela l'Auteur des Lettres, que pour vous faire remarquer, MONSEIGNEUR, le peu d'équité & de modération de cet Ecrivain.

La troiſiéme objection de l'Auteur des Lettres

contre le tarif, eſt que l'établiſſement des Bureaux entre la Lorraine & les pays étrangers,
nous fera perdre l'avantage d'acheter des étrangers des denrées & toutes ſortes de marchandiſes, à un prix beaucoup plus modique que
les habitans du Royaume ſoumis au tarif.

Pour appuyer ſon raiſonnement, l'Auteur
donne pour exemple dans ſa quatriéme Lettre,
les ſucres de Hollande, dont le tonneau payera, dit-il, cinq cens livres d'entrée en Lorraine,
ſelon le tarif, tandis qu'il ne paye aujourd'hui
aux fermiers de la foraine tout au plus que vingt
ſols ; les toiles, dont la piéce de 3 6 aulnes ſup-
portera, ſelon lui, un droit équivalent à la valeur de deux chemiſes, c'eſt-à-dire, d'un ſeptié-
me de la valeur, & pluſieurs autres marchandiſes ſur leſquelles on payera au fermier, ſelon le
nouveau tarif, le ſixiéme ou le cinquiéme de ce
qu'elles coûteront. *Voyez la quatriéme Lettre ;*
voici notre réponſe.

1 ª. L'Auteur des Lettres préſente ici l'état de
la queſtion avec une mauvaiſe foi inexcuſaàle.
En effet, les droits exprimés dans la Lettre de
Monſeigneur le Contrôleur général, ne ſont
propoſés que comme des exemples, & non
comme une quotité déterminée ſans retour,
puiſque c'eſt ſur cette même quotité qu'on
nous conſulte ; d'ailleurs ces mêmes droits
ſont plus conſidérables ſur les marchandiſes
étrangères qui peuvent nuire aux manufactures de la Province, que ſur celles qui ſont d'un
uſage néceſſaire, & qu'on eſt obligé de tirer
de l'étranger.

On ne sauroit voir sans étonnement cet Ecrivain en impoſer à ſes lecteurs ſur ces circonſtances, dont il étoit cependant très-bien inſtruit. Il repréſente le droit de 20 pour 100 comme fixé ſans retour, & même comme ſuſceptible d'augmentation, ſans l'être de diminution ; & il donne ce même droit de 20 pour 100 comme univerſel, & affectant toutes les marchandiſes étrangères, ſans aucune diſtinction de celles dont la Province ou le Royaume auroient des équivalens, d'avec celles dont on ne peut ſe pourvoir que chez les étrangers.

Rien ne peut excuſer cette infidélité de l'Auteur des Lettres dans la manière de préſenter les objets, & de traiter une queſtion qui intéreſſe auſſi fortement le bien de la Province.

2°. L'exagération, & la fauſſeté des calculs de l'Auteur ſont manifeſtes.

Les droits ſur les épiceries, par exemple ; mentionnés dans la Lettre de Monſeigneur le Contrôleur général, ne ſont que de ſept & demi, & non pas de vingt pour cent. Comme ils ne ſont préſentés que ſur ce pied, on n'a ſûrement pas envie de les augmenter. Si les rédacteurs du nouveau tarif, ſe ſont réſervés quelques changemens à faire par le miniſtère, ce ſera plutôt pour accorder des graces, que pour augmenter les charges.

3°. Les droits impoſés par le nouveau tarif peuvent être plus conſidérables, ſans être plus à charge à la Province. En effet,

Pour eftimer fi ces droits font plus ou moins
à charge, il ne fuffit pas d'en faire le calcul ab-
folu, il faut le comparer aux facultés de ceux
qui les payent. Il y a tel pays & telle province
qui ne payent que des droits modiques à leur
fouverain, & qui fouffrent plus de ces droits
modiques, que tel autre qui paye des impôts
beaucoup plus confidérables. Ce principe ne
peut pas être contefté, & il nous femble qu'on
peut en faire à la Lorraine une application
très-jufte. La culture y eft négligée, les manufactures y font languiffantes; cette province eft
mife à contribution par tous les pays voifins
qui lui fourniffent des marchandifes de toutes
efpéces, qu'elle pourroit elle-même fe procurer. La nature de fon commerce beaucoup plus
paffif qu'actif, lui fait perdre continuellement
des fommes confidérables; la population y diminue. Voilà des faits qui font fous nos yeux;
voilà la fubftance des plaintes que font depuis
plus de vingt ans la Province & la Cour fou-
veraine.

Dans cet état, le fardeau le plus léger peut
être encore trop pefant : mais détruifons les
caufes de cette foibleffe; rendons aux manufactures & à l'agriculture leur activité; chan-
geons la nature de ce commerce ruineux;
élevons entre les étrangers & la province, une
barrière, qui, en empêchant le verfement de
leurs productions chez nous, encourage notre
induftrie. En retenant ainfi l'argent dans la province, & en augmentant fa circulation, nous

pourrons

pourrons payer des droits plus confidérables ; & les payer plus aifément que ceux auxquels nous fommes foumis aujourd'hui.

4°. Nous pouvons dire à l'Auteur des Let- tres, que l'exemption de tous droits fur les marchandifes de France dédommagera la Lor- raine de ceux qu'elle payera fur les marchan- difes étrangeres : la circulation intérieure de toutes les denrées & marchandifes du Royau- me, qui fera la fuite du tarif, fera que telle denrée & telle marchandife de France nous coûtera moins cher, parce qu'elle ne payera plus de droits de fortie du Royaume. L'Au- teur des Lettres peut d'autant moins fe refufer à cet argument, qu'il prétend que la Lorraine eft actuellement inondée de marchandifes de France : fa prétention fur cela eft fauffe. Mais fi, dans l'état actuel, la province ne gagnoit pas beaucoup à recevoir libre de tous droits le peu de marchandifes qu'elle tire de France, il n'en fera pas de même quand la barrière qui nous fépare des François fera tout-à-fait ren- verfée, & l'exemption de tous droits fur ce que nous tirerons de France fera un dédomma- gement, finon entier, au moins confidérable, pour ce que nous payerons de droits à la fron- tière entre l'étranger & nous. L'Auteur des Lettres n'a pas pû fe diffimuler cette confidéra- tion ; mais il n'en a fait mention en aucun en- droit, parce qu'il n'eft pas de bonne foi.

5°. Dans la queftion que l'Auteur traite ici, il ne s'agit pas de comparer fimplement la quo-

tité du droit impofé par le nouveau tarif, avec
la quotité actuelle de ceux qu'impofe la foraine, mais avec ces droits de foraine & les inconvéniens, les abus, les embarras de régie
de cette même foraine. En effet, le commerce
peut gagner à payer un droit confidérable,
fi ce droit eft payé en une feule fois, & fi,
ce droit une fois acquitté, la marchandife
eft exempte de toute autre formalité. Or,
pour faire juger combien la foraine eft à charge au commerce de la Province, il nous fuffit
de renvoyer au tableau que l'Auteur des Lettres trace lui-même, des abus & des embarras
de fa régie. Selon cet Ecrivain, p. 81, *elle n'eft
point adminiftrée dans les principes de modération,
& de fageſſe ; elle préfente l'arbitraire, le minu-
tieux, l'aggravant ; elle eft contentieufe, on y porte
toute la rigueur du droit jufques dans les détails les
plus vils ; les bureaux font multipliés inutilement ;
une multitude de loix & de réglemens follicités, après
les méditations les plus profondes, fur les moyens
d'augmenter les revenus de la ferme, jette dans la
perception des incertitudes & des difficultés, qui
tournent toujours contre le peuple qui ne fait pas fe
défendre. Les peuples chargés d'impofitions, de vingtié-
mes, de corvées, regardent la foraine comme la
plus grande de leurs charges ; 720 bureaux, pour la
perception de la feule foraine, alimentent un nombre
infini de commis, qui fe donnent la main pour nous
envelopper, & qui trouvent dans l'abus qui les a
raſſemblés, les moyens d'infulter à notre mifere en
l'augmentant ; elle fait perdre chaque jour à la pro-*

vince , & fait tranſmigrer un nombre effrayant de
citoyens , &c.

On n'imagineroit jamais la conféquence que
tire l'Auteur des Lettres de ce que nous venons, MONSEIGNEUR, de mettre fous vos
yeux. A la vûe de ces abus, dit-il, il n'eſt pas
raiſonnable d'en conclure l'abolition d'un *éta-*
bliſſement precieux d'ailleurs. Nous concluons au
contraire, & tous les bons eſprits concluronr
avec nous, qu'il ne faut pas balancer à abolir
un établiſſement qui entraîne tant d'abus ; mais,
dit l'Auteur des Lettres, c'eſt à l'abolition des
abus qu'il faut travailler, fans toucher à la foraine ; *on ſait bien qu'on abuſe de tout*. C'eſt vrai-
ment une choſe riſible, de voir la foraine devenir, aux yeux de l'Auteur & de ſes partiſans,
une loi infiniment reſpectable, précifément
parce qn'il eſt queſtion d'y ſubſtituer le nouveau tarif. On n'abuſe de la Foraine, felon eux,
que parce qu'on abuſe de tout ; mais la vérité
eſt que les abus ſont ici preſque inféparables de
la choſe, parce que les abus ne ſont que les
précautions mêmes qu'on prend pour la conſervation de la choſe. Selon l'Auteur, il n'y a
rien de plus aiſé que de réformer les abus, & il
n'y a, dit-il, qu'à *donner ſur la foraine un édit*
applicable à tous les cas poſſibles. Si l'Auteur étoit
en état de donner, en matière d'adminiſtration, des principes applicables à tous les cas
poſſibles, il feroit fans doute un grand homme
d'état ; car la difficulté de perfectionner la lé-
giſlation dans tous les genres, vient principal

lement de la difficulté de prévoir & d'embraſ-
ſer tous les cas poſſibles ; mais de ce que l'Auteur des Lettres juge qu'il n'y a rien de plus
aiſé que d'atteindre à ce but, on eſt en droit
d'en conclure qu'il eſt mal inſtruit ſur les matières dont il décide ſi légérement.

Il prétend qu'au moyen de quatre ou cinq
diſpoſitions, on pourra adminiſtrer la foraine
avec 200 bureaux, & en retrancher par conſéquent 520. Ce n'eſt pas à nous, Monseigneur, à juſtifier cette multitude de bureaux
répandus dans la Province, qui y ſont à charge au peuple, & ſi nuiſibles au commerce ;
mais il nous ſemble que le premier intérêt des
fermiers étant de diminuer leurs frais de régie,
ils n'ont guère pû établir de bureaux, que pour
aſſurer la perception des droits. Au reſte, cette
réduction des bureaux eſt préciſément un des
avantages qu'on attend de l'établiſſement du
nouveau tarif : il eſt vrai que nous ne pouvons
pas nous flatter que le retranchement ſera tout
de ſuite de cinq ſeptiémes ; mais nous ſoupçon-
nons que les réductions conſidérables que propoſe l'Auteur, ne ſont pas plus praticables que
ce qu'il propoſe de donner ſur la foraine, un
édit applicable à tous les cas poſſibles. D'ailleurs, quand on entreprendroit aujourd'hui
cette réduction, elle rencontreroit trop d'obſtacles, ſans doute, ou de la part des fermiers,
ou de la part de la choſe même, pour que
nous puſſions eſpérer une réforme prochaine &
ſuffiſante, tandis que le projet du tarif nous

pporte tout-à-coup l'avantage le plus précieux de cette réforme, la liberté des communications & du commerce dans l'intérieur.

Nous voici parvenus à la difcuffion de ce que
dit l'auteur des lettres fur le commerce interlope de la Lorraine, & fur le tort que fera l'é-
tabliffement du nouveau tarif à ce même commerce.

L'Auteur cherche à obfcurcir la queftion, en
préfentant enfemble à fes lecteurs, & comme
devant également fouffrir de l'établiffement du
tarif, & le commerce d'entrepôt que fait, ou
que peut faire la Lorraine des denrées & des
marchandifes de France avec l'Etranger, & le
commerce d'entrepôt que fait, ou que peut
faire la Lorraine des marchandifes des pays
étrangers avec la France : cependant il eft évident que le premier de ces commerces ne fauroit fouffrir du tarif; que les marchandifes de
France payent les droits de fortie à des bureaux
placés entre la France & la Lorraine, ou à la
frontière de la Lorraine, en entrant dans le
pays étranger; c'eft exactement la même chofe
pour l'étranger qui les achéte, pourvû que le
total des droits fupportés ne foit pas plus confidérable, ce qui eft l'efprit du nouveau tarif.

En ne parlant donc que des marchandifes
étrangères, dont les deux duchés faifoient le
commerce d'entrepôt avec la France, il en
faut faire deux claffes; l'une, de celles qui font
prohibées en France; & la deuxiéme, de celles
qui ne le font pas.

Quant aux marchandiſes étrangères non prohibées en France, & qui y entrent en acquittant de certains droits, ſi l'on demande à l'auteur des lettres en quoi & comment le verſement que la Lorraine en fait & en peut faire en
France, ſouffrira de l'établiſſement du nouveau
tarif, il lui ſera impoſſible de donner ſur cela
une explication ſatisfaiſante; ſi le tarif n'augmente pas la quotité totale des droits que ſup-
portent les marchandiſes étrangères à leur entrée en France, que ces droits ſoient acquittés
à leur entrée dans les provinces de France, ou
à leur entrée en Lorraine, pour circuler enſuite
librement dans toute l'étendue de la France; ſi
l'on ſuppoſe que dans l'un & dans l'autre cas
les droits ſont payés; c'eſt une choſe au moins
indifférente aux habitans des deux duchés.

Mais ſi le tarif diminuoit la quotité totale du
droit que paye la marchandiſe, il ſera manifeſ-
tement avantageux : prenons pour exemple les
épiceries que nous tirons des Hollandois, pour
les porter dans les provinces de France qui
nous avoiſinent; les François payent les droits
établis dans l'intérieur de notre Province, &
des droits d'entrée conſidérables à leur introduction en France. Cette ſurcharge fait que
l'habitant de la Champagne paye ces denrées
plus cher, en les recevant des Hollandois par
nos mains, qu'en les tirant des extrémités de la
France, malgré les frais énormes de tranſport.
Le tarif ſupprimeroit abſolument les droits de
foraine perçus dans les deux duchés, & chan-

geroit le droit de 20 à 25 pour 100 d'entrée, dans les provinces de France, en un droit de 7 & demi pour 100 à l'entrée de la Lorraine. Nous aurions donc beaucoup plus de facilité à vendre ces denrées dans les provinces de France, que nous n'en avons aujourd'hui ; nous pourrions foutenir la concurrence des marchands de Nantes & de Bordeaux, &c.

En prenant pour exemple les marchandifes qui payeront un droit affez confidérable, nous raifonnons dans le cas qui nous eft le moins favorable : mais combien d'autres marchandifes fur lefquelles notre avantage fera infiniment plus grand ; toutes les matières premières, toutes les drogueries néceffaires aux teintures ; en un mot, toutes les marchandifes fur lefquelles les droits feront réduits par le nouveau tarif, nous fourniront l'objet d'un commerce avantageux avec les provinces de France, parce qu'en les tirant de Hollande & de l'étranger, nous pourrons les vendre aux provinces qui nous avoifinent avec un grand avantage, & en concurrence avec les négocians des ports de mer du Royaume.

Le nouveau tarif feroit donc favorable à notre commerce d'entrepôt avec les provinces de France.

Il ne refte donc plus de commerce d'entrepôt en Lorraine, auquel l'établiffement du nouveau tarif puiffe donner atteinte, que celui des marchandifes non prohibées, mais qui payent des droits en entrant en France, que les habitans des deux duchés pourroient verſer dans le Royaume, en fraudant ces mêmes droits, & celui des marchandiſes prohibées que ces mêmes habitans peuvent verſer en France en contrebande : voilà le véritable commerce interlope, pour lequel l'auteur des lettres eſt ſérieuſement alarmé. C'eſt-là le ſeul objet de ſes craintes, & de celles des marchands dont il eſt l'avocat : pour s'expliquer nettement, il auroit dû dire, *nous ne voulons point de tarif, parce qu'il nous fera perdre le commerce lucratif que nous faiſons en verſant en France les marchandiſes prohibées en contrebande, & les marchandiſes étrangères non prohibées, en fraudant les droits.*

La queſtion réduite ainſi à ſes termes les plus ſimples, nous combattons les prétentions de l'auteur des lettres ; 1°. en lui faiſant voir que la province a déja perdu une partie de ce commerce, & cela par des cauſes abſolument différentes de l'établiſſement du tarif. 2°. Que, quand cette perte ſeroit un effet de l'établiſſement du tarif, les plaintes & les déclamations de l'auteur ſeroient encore injuſtes. 3°. Enfin, que ce commerce perdu pour la Lorraine peut être remplacé par d'autres commerces plus avantageux à la province.

1°. La Lorraine a déja perdu une partie du commerce interlope, auquel l'auteur des lettres eſt ſi attaché, & cela par des cauſes abſolument diſtinguées de l'établiſſement du tarif. L'objet principal de ce commerce étoit, comme on ſait, le verſement des toiles peintes en

France. L'ufage de ces marchandifes étant défendu dans le Royaume & libre en Lorraine, cette province fervoit d'entrepôt à toutes celles qu'on introduifoit en France en contrebande.

Nous convenons, avec l'auteur, que ce commerce a été fort lucratif pour plufieurs de nos marchands. En 1759, le miniftère de France déterminé par plufieurs motifs très-fages, comme le defir d'établir des manufactures de toiles peintes, l'impoffibilité d'empêcher la contrebande qui fe faifoit des toiles étrangères, &c. a permis la fabrication des toiles peintes, & même l'entrée des toiles étrangères fous un certain droit. Depuis cette époque, il s'eft élevé dans le Royaume plufieurs manufactures de toiles; d'autres qui étoient établies depuis peu, comme celle d'Orange, en Provence, font devenues beaucoup plus floriffantes, & la partie des toiles peintes étrangères, qui fe confomment encore en France, s'achéte en droiture des étrangers par les marchands françois. La diminution de ce commerce en Lorraine, a été une fuite néceffaire du changement arrivé en France à cet égard. L'auteur des lettres fera-t-il auffi un crime au gouvernement françois, d'avoir fait perdre à nos marchands le commerce des toiles peintes en France, en levant la prohibition? La perte de ce commerce eft abfolument indépendante du tarif projetté : que ce tarif ait lieu ou non, la Lorraine fe trouvera toujours dans la même ſituation où elle eſt aujourd’hui par rapport à cette contrebande.

2°. Quand même l’établiſſement du tarif feroit perdre à la Lorraine le commerce d’entrepôt des marchandiſes de contrebande pour la France, les plaintes que l’auteur des lettres fait à ce ſujet ſeroient injuſtes : c’eſt la deuxiéme propoſition que nous avons à prouver.

La Lorraine fait éventuellement partie du royaume de France : cette province ne peut pas être regardée aujourd’hui de la même manière qu’avant le traité de Vienne. Antérieurement à cette époque, elle étoit, par rapport à la France, province véritablement étrangère ; les intérêts des deux états étoient abſolument ſéparés, & quelquefois oppoſés ; que les habitans des deux duchés fiſſent alors un commerce de contrebande en France, qu’ils attaquaſſent les manufactures françoiſes par des importations défendues par les loix de ce royaume, qu’ils cherchaſſent à y verſer des marchandiſes prohibées, rien de plus ſimple ; c’eſt-là un état de guerre innocente entre toutes les nations concurrentes & rivales.

Aujourd’hui nous ne formons plus avec les françois qu’un même peuple & une même nation : cet état de guerre ne peut plus ſubſiſter ; nos intérêts deviennent communs, & les principes d’adminiſtration doivent être les mêmes.

3°. Enfin on a vû, dans tout le cours de ce mémoire, les preuves de ce que nous avançons, qu’un commerce avantageux réparera pour la Lorraine la perte de ce commerce, que l'auteur des lettres regrette si fort ; nous ne nous arrêterons pas davantage sur ce sujet.

Il ne nous reste plus qu'à répondre, à ce que dit l'auteur des lettres, que *des vûës d'intérêt personnel ont guidé les personnes qui ont proposé l'établissement du tarif; que le tarif est une loi bursale*, inventée par les financiers, qu'il appelle, *travailleurs en finances ;* cet auteur juge que ce sont les travailleurs en finances qui ont enfanté ce projet, parce que *le Ministère*, dit-il, *propose l'établissement du tarif avec ménagement, & avec de sages précautions*, comme si la sagesse même du Ministère qu'il préconise, n'étoit pas un argument de plus en faveur du tarif, & comme si le Ministère ne pouvoit proposer avec ménagement que des projets pernicieux. D'ailleurs, on n'entend pas ce qu'il veut dire par ce ménagement & ces précautions du Ministère ; s'il veut faire croire que le Ministère se défie encore de l'utilité du projet, on peut assurer qu'il se trompe grossiérement ; l'utilité de la libre circulation des denrées & marchandises, & de la suppression des droits dans l'intérieur du royaume, ne peut pas être encore un problême dans l'esprit des Ministres, appuyée qu'elle est par le vœu général de tous les négocians, & par les souhaits de la nation entière. Les précautions & le ménagement, qui sont toujours raisonnables & dignes de la sagesse du gouvernement, ne tombent que sur les moyens de concilier l'avantage du commerce, qui fera la fuite néceffaire de l'établiffement du tarif, avec la confervation des revenus du roi ; nous difons la confervation, & non pas l'augmentation ; & en tout état de caufe, il eft abfurde de faire valoir contre le projet la fageffe & la précaution de ceux qui le propofent.

L'auteur des lettres avance auffi que M. le Contrôleur général, par le nouveau tarif, en paroiffant diminuer les revenus des fermes, les augmente, autant par la quotité du droit, que par la diminution des frais de régie.

Il n'eft pas vrai que M. le Contrôleur général augmente la quotité du droit ; 1°. parce que fi certains droits font augmentés, d'autres feront diminués, & qu'avec cette compenfation, il eft faux de dire que la quotité des droits foit augmentée. 2°. Parce que loin que la quotité des droits foit augmentée, les perfonnes qui travaillent à la confection du tarif, font convaincues que tout ce qu'on pourra faire fera de fauver les droits du roi, & penfent même qu'au moins dans les premieres années, fa majefté fera à la liberté du commerce, & au bonheur de fes fujets, un facrifice confidérable. 3°. Enfin, parce que la quotité des droits n'étant pas encore déterminée, & M. le Contrôleur général confultant les commerçans fur cette détermination même, il eft faux de dire que cette quotité foit augmentée.

Tout ce que l'auteur des lettres pourroit dire de plus plaufible, c'eft que la quotité des

droits eſt augmentée, au moins pour la Lor‑
raine en particulier ; mais ſi elle n'eſt pas aug‑
mentée au total, les travailleurs en finances
ne gagneroient donc rien à l'établiſſement du
tarif ; ainſi, il ne reſte plus de raiſon de croire
qu'ils ſont les auteurs du projet.

Nous ne nous arrêtons pas à réfuter une au‑
tre prétention de l'auteur des lettres ; ſelon
lui, les travailleurs en finances, qui étoient
dans la confidence du projet du nouveau tarif
dès 1750, ont multiplié les abus & les embar‑
ras de la régie de la Foraine pour la décrédi‑
ter, & ſe ſont attachés à gêner les communi‑
cations entre les Evêchois & nous, pour faire
déſirer le tarif.

Nous croyons, MONSEIGNEUR, que ces
aſſertions ne méritent pas une réfutation ſé‑
rieuſe ; les travailleurs en finances ne ſon‑
geoient certainement pas au tarif en 1750. Des
financiers avides, tels que ceux que nous peint
l'auteur, n'ont nul intérêt de déſirer une régie
ſimple ; & ceux qui ſont aſſez éclairés pour
voir que leur intérêt ſe trouvera réuni avec
celui du commerce, dans l'exécution du nou‑
veau tarif, ne reſſemblent pas à ceux dont
parle l'auteur. Enfin, il eſt toujours abſurde de
ſuppoſer qu'un projet imaginé & préparé de
loin, par les travailleurs en finances, ait été
adopté enſuite aveuglément par toutes les per‑
ſonnes qui ſont à la tête de l'adminiſtration, à
qui les intérêts du peuple doivent être & ſont
plus chers que ceux des financiers, & applau‑

dis par les commerçans même, & par tous les écrivains politiques.

Nous ne citerons parmi ces derniers que l'auteur des recherches & confidérations fur les finances ; cette autorité ne peut pas être recufée par l'auteur des lettres, qui cite fouvent cet ouvrage utile, & qui n'ignore pas que les principes n'en font pas favorables aux *travailleurs en finance*.

Sous les années 1614 & 1615, après avoir fait l'hiftoire de ce qui fe paffa dans l'affemblée des Etats Généraux, tenus la première année de la majorité de Louis XIII. il rapporte la demande faite par les Etats, de la fuppreffion de la traite foraine, & du tranfport des droits aux extrêmités du royaume, & il ajoute ; *rien de plus judicieux que cette demande. c'eft la nation entière qui l'a formée ; les repréfentations particulières & mal-entendues des provinces réputées étrangères doivent-elles l'emporter ? Seroit-ce donc entreprendre fur leurs privilèges de répondre à ce vœu général, qui fubfifte encore parmi tous les citoyens éclairés & zélés pour la patrie ? ou plutôt eft-il quelque privilége plus facré que la profpérité du royaume, le travail national, & la liberté du commerce ? on a affez attendu que ces provinces reconnuffent leurs vrais intérêts.*

On voit que l'auteur des recherches fur les finances, décide la queftion que nous traitons d'une manière abfolument oppofée aux prétentions de l'auteur des lettres. Celui-ci trouve que le projet de fupprimer les droits dans l'intérieur, & de les transporter à la frontière *est insensé* ; celui-là avance & prouve que rien *n'est plus judicieux*. L'auteur des lettres prétend que l'extension de ce projet à la Lorraine est injuste ; l'auteur des recherches soutient, que *les prétentions particulières, & les priviléges des provinces réputées étrangères, ne doivent pas l'emporter sur le bien général de la nation*. L'un représente ce même projet comme devant entraîner *la ruine de la province* ; l'autre assure que les provinces réputées étrangères, qui opposent une pareille résistance, *méconnoissent leurs véritables intérêts, &c.*

On peut voir aussi sous l'année 1664, ce que dit du tarif le même auteur. On y trouvera l'apologie la plus complette de l'opération qu'entreprend aujourd'hui le ministère, & des principes diamétralement opposés à ceux de l'auteur des lettres (si cependant on peut donner le nom de principes aux assertions vagues, décousues & inconséquentes de ce dernier.)

Nous ne pouvons pas nous dispenser de remarquer sur cela, que l'auteur des lettres, qui n'a pas pu ignorer l'opposition de ses principes, à ceux de l'auteur des recherches sur les finances, & qui a osé le citer en sa faveur, & en appeller à son témoignage, est nécessairement coupable, ou d'étourderie, ou de mauvaise foi. La force de la vérité nous arrache ce reproche, & nous sommes persuadés qu'il sera trouvé juste par tous nos lecteurs. Mais ajoûtons encore une réflexion décisive en faveur du tarif, contre la dernière obfervation de l'auteur des lettres, & que lui-même nous fournit.

Cet écrivain emploie une partie de fa première lettre à faire l'éloge *du génie vivifiant de M. Colbert*, & il convient qu'une des opérations de ce fage miniftre, les plus utiles au commerce, a été fon tarif de 1664.

Deux obftacles principaux s'oppofoient au rétabliffement du commerce en France ; l'un étoit la concurrence des marchandifes étrangères, & l'autre, les entraves mifes à la circulation des marchandifes nationales dans l'intérieur, par la multiplicité des péages, droits & impôts. M. Colbert réfolut de fermer l'entrée de la France aux productions des manufactures étrangères, & de fupprimer les droits & impôts perçus dans l'intérieur, pour les convertir tous en un droit uniforme d'entrée & de fortie, percevable aux frontières du royaume. C'eft dans cet efprit que fut dreffé le tarif de 1664 : le projet de M. Colbert étoit général, & s'étendoit à toutes les provinces du royaume ; mais celles qui font encore aujourd'hui réputées étrangères, y oppoferent une réfiftance peu éclairée, & injufte fans doute, mais que le miniftre ne voulut pas furmonter : l'ouvrage demeura donc imparfait.

On voit par cet expofé fimple & vrai, que M^r. le Contrôleur Général, en travaillant à l'exécution du tarif, ne fait que fuivre & achever l'ouvrage commencé par M. Colbert.

Que

(85)

Que penſer donc de la contradiction dans
laquelle tombe l'auteur des lettres, qui réclame
l'autorité de M. Colbert, qui convient que
l'exécution, quoiqu'incomplette, du plan de
ce miniſtre, fit éclore en peu d'années une
multitude de manufactures, créa le commerce, & qui d'un autre côté repréſente dans tout
ſon ouvrage l'achevement de l'exécution du
projet de M. Colbert, comme une invention
de traitans & de travailleurs en finances, comme une opération deſtructive de tout commerce, ruineuſe, meurtrière, &c? On ne ſait
quel nom donner à cette manière de préſenter
les objets.

Nous terminerons ici nos obſervations,
MONSEIGNEUR; nous aurions pû les faire
plus étendues, ſi nous avions voulu ſuivre
l'auteur des lettres dans tous ſes écarts, & dans
les diſcuſſions inutiles auxquelles il s'eſt quelquefois livré; mais nous croyons avoir préſenté les principales raiſons ſur leſquelles il
nous ſemble que la province doit deſirer l'établiſſement du tarif, & détruit les principales
objections de l'auteur des lettres, contre un
projet auſſi utile.

Nous eſpérons que vous ferez parvenir nos
réflexions à Monſeigneur le Contrôleur Général, & que vous nous donnerez en cette
occaſion, une nouvelle marque du zéle avec
lequel vous travaillez au bonheur de la pro-

Quatriéme Partie.   e

vince, & des bontés que vous avez toujours eu pour le corps des fabriquans.

Nous sommes avec un respect infini,

MONSEIGNEUR,

Vos très-humbles & très-obéissans serviteurs, les fabriquans de la Lorraine, &c. &c.

TABLE

Des Pièces contenues dans ce Volume.

Quatrieme Partie.

Fin de la Table.